Lavagem de Dinheiro e Crime Organizado Transnacional

Emmanoel Campelo de Souza Pereira

Bacharel em Direito pela Universidade Federal do Rio Grande do Norte (2003), advogado militante, Mestre em Direito pela Universidade Católica de Brasília (2008) e Doutorando pela Pontifícia Universidade Católica de São Paulo. Professor dos cursos de graduação e pós-graduação em Direito do Instituto Brasiliense de Direito Público (IDP) e palestrante em diversos eventos acadêmicos. Conselheiro Nacional de Justiça nos biênios de 2012-2014 e 2014-2016.

Lavagem de Dinheiro e Crime Organizado Transnacional

EDITORA LTDA.
© Todos os direitos reservados

Rua Jaguaribe, 571
CEP 01224-003
São Paulo, SP — Brasil
Fone (11) 2167-1101
www.ltr.com.br
Setembro, 2016

Produção Gráfica e Editoração Eletrônica: R. P. TIEZZI
Projeto de Capa: FABIO GIGLIO
Impressão: PIMENTA GRÁFICA E EDITORA

Versão impressa — LTr 4193.3 — ISBN 978-85-361-8968-0
Versão digital   — LTr 9018.6 — ISBN 978-85-361-8981-9

Dados Internacionais de Catalogação na Publicação (CIP)
(Câmara Brasileira do Livro, SP, Brasil)

Pereira, Emmanoel Campelo de Souza
  Lavagem de dinheiro e crime organizado transnacional / Emmanoel Campelo de Souza Pereira. — São Paulo : LTr, 2016.

  Bibliografia.

  1. Corrupção 2. Crime organizado 3. Criminalidade transnacional 4. Lavagem de dinheiro 5. Lavagem de dinheiro — Leis e legislação I. Título.

16-06610   CDU-343.3

Índice para catálogo sistemático:

1. Lavagem de dinheiro e crime organizado transnacional : Leis : Direito penal   343.3

*Aos meus pais, Emmanoel e Cristina,
pelo exemplo de vida e pela incessante dedicação em fazer de
mim uma pessoa melhor.*

*Aos meus irmãos, Erick e Elisa,
pelo companheirismo e constante apoio,
sem os quais não conseguiria prosseguir.*

*À minha esposa e filha, Keide e Helena,
fontes de alegria e inspiração,
que tornam a vida mais leve.*

Sumário

Prefácio 11

Apresentação 13

Introdução 19

I — O Fenômeno da Lavagem de Dinheiro e sua Regulamentação Internacional 25
    1.1. Criminalidade organizada transnacional 27
        1.1.1. O Problema da sua conceituação 27
        1.1.2. Conceituação 35
        1.1.3. Crime organizado: origens históricas 40
    1.2. O que é lavagem de dinheiro? 43
        1.2.1. Terminologia 43
        1.2.2. Conceito 45
        1.2.3. Fases ou etapas 46
    1.3. Os esforços internacionais 49
        1.3.1. Convenção das Nações Unidas contra o tráfico de ilícito de entorpecentes e substâncias psicotrópicas 51
        1.3.2. O Grupo de Ação Financeira Internacional (GAFI) e as 40 recomendações 53
        1.3.3. Convenção das Nações Unidas contra a delinquência organizada transnacional 57

1.3.4. A Convenção das Nações Unidas contra a corrupção 60

1.3.5. As recomendações de criminalização da lavagem de dinheiro 64

II — A Tipificação no Brasil da Lavagem de Dinheiro e da Receptação.......66

2.1. A Lei n. 9.613/98: Lei de lavagem de dinheiro..66

2.1.1. A exposição de motivos da Lei n. 9.613/98 66

2.1.2. Objeto material..69

2.1.3. Tipo objetivo..71

2.1.4. Tipo subjetivo..74

2.1.5. Bem jurídico protegido 75

2.1.6. Sujeito ativo 80

2.1.7. Infrações penais antecedentes..81

2.1.7.1. O antigo rol de crimes antecedentes 82

2.1.7.2. A infração penal antecedente praticada no exterior 86

2.1.8. Consumação e tentativa..87

2.1.9. Pena..88

2.2. O art. 180 do Código Penal Brasileiro: a receptação...............................88

2.2.1. Considerações preliminares..88

2.2.2. Objeto material..88

2.2.3. Tipo objetivo..89

2.2.4. Tipo subjetivo..93

2.2.5. Bem jurídico protegido 94

2.2.6. Sujeito ativo 95

2.2.7. Crimes antecedentes 97

2.2.8. Consumação e tentativa..98

2.2.9. Pena..99

2.3. Análise comparativa entre os tipos penais de lavagem de dinheiro e receptação...99

2.3.1. Objeto material..99

2.3.2. Tipo objetivo..100

2.3.3. Tipo subjetivo..102

  2.3.4. Bem jurídico protegido 102
  2.3.5. Sujeito ativo 103
  2.3.6. Crimes antecedentes 103
 2.4. A Lei n. 12.683/2012 104
 2.5. A exclusão do favorecimento real 107

Considerações Finais 109

Referências Bibliográficas 117

Prefácio

É algo sem sentido cogitarmos do saber, em termos rigorosos, isolando teoria da prática. O direito positivo, enquanto camada de linguagem prescritiva, projeta-se sobre o contexto social, regulando as condutas intersubjetivas e direcionando-as para os valores que a sociedade quer ver praticados. Em momento algum o fenômeno jurídico é reduzido à singela expressão das normas que integram sua ontologia. Seu estudo pressupõe a compreensão da inafastável unidade dialética entre norma e fato, entre direito e realidade subjacente. Todas as organizações normativas operam com a linguagem prescritiva para incidir no proceder humano, canalizando as condutas no sentido de implantar valores. Um excerto de Lourival Vilanova diz bem da importância desse uso: "Altera-se o mundo físico mediante o trabalho e a tecnologia, que o potencia em resultados. E altera-se o mundo social mediante a linguagem das normas, uma classe da qual é a linguagem das normas do Direito".

O direito preenche os requisitos próprios aos objetos culturais, cujo ato gnosiológico adequado consiste na compreensão. Não é exagero referir que o dado valorativo está presente em toda configuração do jurídico, desde seus aspectos formais (lógicos), como nos planos semântico e pragmático. Em outras palavras, ali onde houver direito, haverá, certamente, o elemento axiológico.

Ao escolher, na multiplicidade intensiva e extensiva do real-social, quais os acontecimentos que serão postos na condição de antecedente de normas sancionatórias, o legislador exerce uma preferência: recolhe um, deixando todos os demais. Nesse instante, sem dúvida, emite juízo de valor, de tal sorte que a mera presença de um enunciado sobre condutas humanas em interferência subjetiva, figurando na hipótese da regra jurídica, já significa o exercício da função axiológica de quem legisla. Outro tanto se diga no que atina ao modo de regular a conduta entre os sujeitos postos em relação deôntica. As possibilidades são três, e somente três: obrigatória, permitida ou proibida. Os modais "obrigatório" e "permitido" trazem a marca de um valor positivo, porque revelam que a sociedade aprova o comportamento prescrito, ou mesmo o tem por necessário para o convívio social. Caso o functor escolhido seja o "proibido", fica nítida a desaprovação social da conduta, manifestando-se inequívoco valor negativo, a exemplo do que se verifica nas normas penais. Vê-se que o valor está na raiz mesma do "dever-ser", isto é, na sua configuração lógico-formal.

Disso decorre o fato de que, quem se propuser conhecer o direito positivo na sua integridade constitutiva, não pode aproximar-se dele na condição de sujeito puro, despojado de atitudes ideológicas, como se estivesse perante fenômeno da natureza. A neutralidade axiológica impediria, desde o início, a compreensão das normas, tolhendo a investigação. Aquilo que podemos esperar de quem empreenda a aventura do conhecimento, no campo do jurídico, é uma atitude de reflexão, de prudência, em respeito mesmo às intrínsecas limitações e à própria finitude do ser humano. Essa tomada de consciência, contudo, não representa a renúncia do seguir adiante, expressa nas decisões que lhe parecerem mais sustentáveis ao seu projeto descritivo.

O texto desenvolvido por Emmanoel Campelo de Souza Pereira reflete bem essa incessante busca pela compreensão do direito. Na obra que tenho o prazer de prefaciar, intitulada *Lavagem de Dinheiro e Crime Organizado Transnacional*, o autor examina as regulamentações brasileira e internacional do crime de lavagem de dinheiro, dando ênfase aos esforços de combate à prática desse ilícito. Em labor analítico, estuda a figura da receptação, aprofundando-se em sua disciplina jurídica, para, em seguida, cotejá-la com o tipo penal da lavagem de dinheiro.

A palpitante realidade do direito, vivificada, a cada passo, no esplendor de sua eficácia, postula novas elucubrações, alinhavadas para o fito de explicar certos problemas que, em face da evolução social e tecnológica, ficam à margem de apropriada descrição jurídico-científica. Por isso, ao discorrer sobre os crimes de lavagem de dinheiro e de receptação, Emmanoel leva em conta os efeitos da globalização econômica, bem como o desenvolvimento tecnológico e das comunicações, visto que tais fatores permitem que o dinheiro seja facilmente transferido de um mercado para outro, conferindo ao crime organizado verdadeiro caráter transnacional.

A hipercomplexidade é característica das sociedades pós-modernas, levando, igualmente, ao aumento de complexidade dos institutos jurídicos, como se evidencia no tema da criminalidade organizada transnacional. A relevância do assunto instigou Emmanoel Campelo de Souza Pereira a aprofundar-se em seu estudo, elaborando trabalho atualíssimo, originário de dissertação de mestrado defendida, em sessão pública, na Universidade Católica de Brasília.

Com a edição deste livro, tem-se importante fonte de pesquisa e de subsídio para debates a respeito de tão controvertido tema, propiciando caminho para afastar os malefícios causados à sociedade pelo crime organizado.

São Paulo, 1º de agosto de 2016.

Paulo de Barros Carvalho
Professor Emérito e Titular de Direito Tributário da PUC/SP e da USP

APRESENTAÇÃO

Submeter à crítica do público, em geral as reflexões sobre um determinado assunto é, antes de tudo, manifestação de segurança e altivez para participar ativamente do debate, como forma de contribuir para a difusão da cultura sobre o tema escolhido. O livro de autoria de Emmanoel Campelo de Souza Pereira revela muito mais. A começar pela escolha em discorrer sobre matéria extremamente complexa — que ocupa as preocupações de juristas nacionais e internacionais, e faz parte de intensas e delicadas negociações entre os países, no sentido de estabelecer, em cooperação, política estratégica uniforme e eficiente para o combate a esse tipo de criminalidade —, a iniciativa do autor evidencia maturidade e talento de quem, com a meditação e a análise crítica da legislação e doutrina brasileiras, com incursões em pensamento de autores estrangeiros, faz estudo inteligente e singular a respeito de questões intrincadas que margeiam o crime de lavagem de dinheiro.

Filho de eminente Ministro do Tribunal Superior do Trabalho, Emmanoel Pereira, e irmão de advogado brilhante, Erick Pereira, também autor de livros e de destacada formação acadêmica, o autor mostra que possui identidade jurídica própria, o que, aliás, tive o privilégio de testemunhar, ao participar da banca examinadora de sua dissertação de Mestrado, aprovada, com louvor. Aquele estudo, agora, depois das adaptações devidas, recebe a sua versão em livro, sob o título *Lavagem de Dinheiro e Crime Organizado Transnacional*.

Sem receio de expor as suas ideias, o autor faz incursões sobre aspectos do crime de lavagem de dinheiro não explorados pela doutrina tradicional, o que, por si só, demonstra a importância e a contribuição que o seu livro, escrito em linguagem clara e com exposição de profunda densidade acadêmica, traz para a doutrina nacional. A rica pesquisa doutrinária, demonstrada pela bibliografia elencada, recebe do autor, na elaboração do seu pensamento sobre o tema, exame questionador e observações percucientes.

Em abordagem ímpar, a partir do estudo comparativo das identidades e diferenças entre os crimes de lavagem de dinheiro e de receptação, constrói o seu pensamento sobre a forma como, em atenção à política de ordem internacional no escopo da criminalização da lavagem de dinheiro, esse tipo de criminalidade foi recepcionado em nosso meio pela legislação criminal para, daí, apontar as suas imperfeições e sugerir as correções necessárias, tendo em mira tratamento mais consentâneo do assunto.

O livro é a imagem e a semelhança de Emmanoel: inteligente, crítico, inquietante. Denota o pesquisador perspicaz, questionador e de extrema lealdade intelectual. Ele se mostra como estudioso profundo e sensibilizado em fazer do Direito uma força viva e eficiente para o equacionamento de um dos maiores problemas que afligem o atual estágio da civilização, atormentada diante da necessidade da adoção de técnicas expeditas para uma melhor qualidade de vida do grupo social, mediante a redução da criminalidade organizada, fomentada pela lavagem de dinheiro, que contamina, em escalada inquietante, os setores público e privado.

A herança genética e a vivência de berço com as questões jurídicas, que lhe guiaram os primeiros passos em sua formação cultural, foram lapidadas nos bancos universitários e com as horas de estudo que lhe valeram a qualificação, durante o Curso de Direito, de aluno diferenciado pelo saber, vem sendo sedimentadas com o exercício da advocacia em missão ética desenvolvida no escritório que mantém em Brasília, carreira vitoriosa de expressivos resultados na defesa dos interesses de seus clientes, e com a incansável busca em aperfeiçoar a sua formação acadêmica. Posteriormente, foi alçado ao Conselho Nacional de Justiça nos biênios de 2012-2014 e 2014-2016, por indicação da Câmara dos Deputados em cadeira dedicada a cidadão de reputação ilibada e notável saber jurídico. Os conhecimentos jurídicos já adquiridos e demonstrados servem, para Emmanoel, de estímulo ao estudo constante.

A sua sólida formação jurídica teve início em 1999, tendo concluído, no ano de 2003, o Curso de Direito na Universidade Federal do Rio Grande do Norte -UFRN. No período de 2005 a 2008, fez Mestrado em Direito na Universidade Católica de Brasília — UCB-DF, tendo obtido o grau de Mestre, conforme já salientado, com dissertação que deu origem ao presente livro, recomendação feita, à unanimidade, pelos integrantes da banca examinadora. Atualmente, Emmanoel continua a enriquecer a sua formação acadêmica, agora como doutorando pela Pontifícia Universidade Católica de São Paulo.

Quem conheceu Emmanoel na qualidade de aluno da graduação e da pós-graduação e acompanha a sua carreira de advogado não se surpreenderá com a leitura do presente livro. Este trabalho doutrinário é, nada mais nada menos, a confirmação das expectativas geradas pela sua dedicação ao estudo do Direito e o apego as suas convicções, independentemente do respaldo, ou não, da doutrina dominante.

O livro, certamente, despertará o interesse de quantos se dedicam ao estudo do direito criminal e marcará, decisivamente, o ingresso do autor entre os doutrinadores de escol, sendo, para mim, um privilégio especial a oportunidade de fazer a sua apresentação ao público.

Natal (RN), 3 de agosto de 2016.

Walter Nunes da Silva Júnior
Ex-Conselheiro do Conselho Nacional de Justiça — CNJ,
Juiz Federal e Professor da UFRN

"Para o triunfo do mal só é preciso que os bons homens não façam nada."

Edmund Burke

Introdução

Esta obra trata do problema da lavagem de dinheiro, estudando suas origens, desde o aparecimento das organizações criminosas, conceito, principais características, fases ou etapas em que ocorre e, principalmente, sua tipificação e os esforços internacionais de combate a esse crime.

A lavagem de dinheiro e o crime organizado estão intimamente relacionados, uma vez que o branqueamento de capitais é o meio pelo qual as organizações criminosas podem dispor livremente de seus ganhos ilícitos.

Podemos, seguramente, afirmar que, pela ação da criminalidade organizada transnacional, houve um aprimoramento dos meios utilizados para usufruir dos produtos de atividades ilícitas, para ocultar, ou mesmo legitimar, a origem dos lucros auferidos em atividades criminosas. Esse, sem dúvida, é o resultado mais indesejado da globalização econômica, uma vez que o crime organizado, especialmente na sua modalidade transnacional corrompe as estruturas estatais e gera grande instabilidade na economia formal.

Ademais, o desenvolvimento tecnológico e das comunicações permite que o dinheiro seja transferido facilmente de um mercado para outro, de forma que o crime organizado, em sua modalidade transnacional, tira proveito da globalização econômica para transferir fundos rapidamente, não se detendo nas fronteiras nacionais.

Apesar de tais constatações, o tema da lavagem de dinheiro tem sido, em geral, olvidado pelas universidades. A geração e a difusão do conhecimento sobre esse tema vêm sendo realizadas por órgãos governamentais que não dispõem de suporte acadêmico para a formulação de políticas. Além do mais, as faculdades de direito permanecem focadas nas tipologias criminais características do Código Penal de 1940, dando pouca ou nenhuma atenção a novos fenômenos como a lavagem de dinheiro, o crime organizado e a transnacionalização da atividade criminal.

A boa compreensão da criminalidade organizada, com especial destaque a sua modalidade transnacional, é imprescindível para que tenhamos ideia do quanto ela é nociva e de como ela passou a ser um problema de interesse internacional. Só assim, entendendo seu *modus operandi,* poderemos compreender a importância do combate à lavagem de dinheiro que, atualmente, possui dimensões globais.

Entre os efeitos negativos da lavagem de dinheiro na economia mundial, podemos apontar o comprometimento da legitimidade do setor privado e da integridade dos mercados financeiros, distorções econômicas e instabilidade, diminuição da renda governamental pela sonegação e perda da capacidade do governo em controlar sua política econômica. Ainda, a retirada de grandes somas de dinheiro de instituições financeiras, devido a problemas judiciais relacionados ao crime de lavagem de dinheiro, pode comprometer a liquidez a ponto de levar tais instituições à falência.

O crime organizado, que de tão dependente da "lavagem" se confunde com ela, representa ameaça à democracia e à soberania dos Estados, pela força do montante que movimenta e pelo poder corruptor que enseja, infiltrando-se nos negócios estatais, comprando funcionários que deveriam ser servidores públicos, mas, ao contrário, passam a ser comparsas das organizações criminosas.

O objetivo desses grupos criminosos é auferir o maior lucro possível. Nesse diapasão, a lavagem de dinheiro é importante por permitir que os criminosos usufruam do lucro sem se comprometer com a sua fonte. Dessa maneira, tal prática é caracterizada pelo conjunto de operações comerciais ou financeiras que visam à incorporação na economia de cada país, de modo transitório ou permanente, de recursos, bens e valores de origem ilícita. Tais operações se desenvolvem por um processo dinâmico, o qual, teoricamente, possui três fases independentes: colocação, ocultação e integração — embora, com frequência, essas etapas ocorram simultaneamente.

O processo de lavagem de dinheiro internacional é iniciado com a *colocação* do dinheiro no sistema econômico por meio de depósitos, compra de bens ou instrumentos negociáveis. Para ocultar sua origem, o criminoso procura movimentar o dinheiro em países com regras mais permissivas e naqueles que possuem um sistema financeiro liberal. Para dificultar a identificação da procedência do dinheiro, têm sido observadas técnicas sofisticadas e cada vez mais dinâmicas, a exemplo do fracionamento dos valores que transitam pelo sistema financeiro e da utilização de estabelecimentos comerciais que usualmente trabalham com dinheiro em espécie.

A *ocultação*, segunda etapa do processo, consiste em dificultar o rastreamento contábil dos recursos ilícitos. O objetivo é quebrar a cadeia de evidências ante a possibilidade da realização de investigações sobre a origem do dinheiro. Os criminosos usam a forma eletrônica para transferir os ativos para contas anônimas — preferencialmente, em países amparados por lei de sigilo bancário — ou realizar depósitos em contas "fantasmas".

Na fase da *integração*, os ativos são, ao final, incorporados formalmente ao sistema econômico, geralmente mediante investimento em empreendimentos que facilitem as atividades das organizações criminosas. Uma vez formada a cadeia, torna-se cada vez mais fácil legitimar o dinheiro ilegal. Essas fases serão melhor detalhadas adiante.

Dito isso, podemos afirmar que a lavagem de dinheiro, juntamente com a criminalidade transnacional, é uma patologia da globalização econômica. Não é mais um problema localizado, isolado em determinado país ou região. É um problema global, internacional e de preocupação comum a todas as nações.

Para se ter uma ideia da seriedade do quadro acima delineado, de acordo com as projeções feitas pelo Fundo Monetário Internacional (FMI) e pelo Banco Mundial, o volume de recursos submetidos ao processo de lavagem de dinheiro varia entre 2% e 5% da economia global, algo aproximado a US$ 500 bilhões por ano no mundo, sendo 80% (US$ 400 bilhões) desse total gerados pelo narcotráfico. Esses números revelam a existência de grave problema internacional, que afeta todos os países, fazendo com que os mesmos se unam no objetivo comum de suplantar a origem deste mal[1].

Desse esforço concentrado, nasceram tratados como a pioneira Convenção das Nações Unidas contra o Tráfico de Ilícito de Entorpecentes e Substâncias Psicotrópicas (Convenção de Viena de 1988), a Convenção das Nações Unidas contra a Delinquência Organizada Transnacional (Convenção de Palermo de 2000) e a Convenção das Nações Unidas contra a Corrupção (Convenção de Mérida de 2003).

Também foi criado o Grupo de Ação Financeira Internacional (GAFI) e as 40 Recomendações. Como veremos adiante, esse organismo intergovernamental é a fonte inspiradora da necessidade internacional de maior reciprocidade e cooperação entre os países na luta contra a lavagem de dinheiro. Suas recomendações se constituem em medidas e estratégias que buscam aperfeiçoar e padronizar as regras de luta contra a lavagem de dinheiro no âmbito internacional.

Toda essa normativa internacional, que ataca a lavagem de dinheiro direta ou indiretamente, demonstra não só o caráter transnacional que ela adquiriu juntamente com a delinquência organizada, mas que o seu combate é inviável sem um esforço conjunto, sem cooperação internacional e sem a união das nações.

Esta será a tônica do nosso primeiro capítulo: a internacionalização do combate à lavagem de dinheiro. A compreensão deste fenômeno é fundamental para o desenvolvimento de todo o restante da obra, especialmente se

---

(1) BARROS, Marco Antônio. *Lavagem de capitais e obrigações civis correlatas*. São Paulo: Revista dos Tribunais, 2004. p. 38.

considerarmos que a criminalização da lavagem de dinheiro no Brasil decorre diretamente destas recomendações e tratados internacionais firmados.

A partir daí, tentaremos no segundo capítulo analisar como foi acomodado no ordenamento jurídico nacional a normativa internacional de criminalização da lavagem de dinheiro. Com tal propósito, socorreremo-nos da doutrina e jurisprudência pátrias.

Analisaremos a exposição de motivos da Lei n. 9.613, de 1998, que prenuncia o problema ora investigado. Nela ficou explícito o objetivo da Lei, que era manter sob a égide do delito de receptação a grande variedade de ilícitos parasitários de crimes contra o patrimônio, pois, se assim não o fizesse, estaria massificando a criminalização da "lavagem de dinheiro" e abrangendo uma infinidade de crimes antecedentes, inclusive o furto de pequeno valor. Esta concepção veio, posteriormente, a mudar com as alterações trazidas pela Lei n. 12.683, de 2012, que retirou o rol de crimes antecedentes.

Mediante a análise dos tipos penais de lavagem de dinheiro e de receptação, destacando seus elementos essenciais já consagrados na doutrina (tipo objetivo; tipo subjetivo; objeto material; bem jurídico protegido; crimes antecedentes; consumação e tentativa; e, por fim, a pena), procuraremos confrontá-los e, assim, poderemos identificar os limites entre os dois tipos.

Esperamos analisar o fenômeno da lavagem de dinheiro do modo mais objetivo possível, a partir de suas origens e fenomenologia, buscando investigar os conflitos existentes entre os tipos penais de lavagem de dinheiro e receptação.

Além deste quadro comparativo da atual legislação, analisaremos a alteração trazida pela Lei n. 12.683/2012, que trouxe importantes mudanças e, portanto, é fundamental para o nosso estudo.

Nesse contexto, merece especial destaque a alteração prevista para o art. 1º da Lei n. 9.613/1998 (Lei da Lavagem de Dinheiro). Deter-nos-emos nas mudanças desse dispositivo, não por não serem importantes as demais alterações, mas porque compreende um dos objetos de estudo da nossa obra: o tipo penal de lavagem de dinheiro.

Por conseguinte, daremos especial destaque à remoção do rol de crimes antecedentes, que fez o delito de lavagem de dinheiro abarcar, inclusive, as contravenções. Tentaremos demonstrar o impacto da alteração no ordenamento jurídico, especialmente analisando como foi afetada a delimitação entre a receptação e a lavagem de dinheiro e até que ponto a aplicação da receptação fica comprometida.

Ao final da obra, esperamos identificar:

- quais os elementos capazes de distinguir os delitos de lavagem de dinheiro e receptação;

- identificar eventuais deficiências na norma que tipifica a lavagem de dinheiro como crime; e
- se o Brasil, com sua legislação vigente na época, estaria a precisar de um novo tipo penal de lavagem de dinheiro.

A descrição dos resultados esperados revelam a metodologia a ser utilizada. Para analisar o direito interno, estrangeiro e internacional, recorreremos à investigação de fontes primárias (textos de lei e jurisprudência) e secundárias (doutrina).

I — O Fenômeno da Lavagem de Dinheiro e sua Regulamentação Internacional

Impulsionada pela globalização econômica, a prática de delitos transnacionais experimentou grande crescimento, na mesma proporção em que aumentaram os lucros obtidos por meio dessas atividades ilícitas. De fato, o avanço da tecnologia financeira tem ampliado o mercado global e, com ele, as atividades do crime organizado.

Nesse contexto, a lavagem de dinheiro, modalidade delituosa moderna e sofisticada, aparece como motor essencial das organizações criminosas, afinal, é o meio pelo qual elas podem dispor livremente de seus ganhos ilícitos[2].

O conjunto de operações cuja finalidade é a de ocultar ou dissimular a origem de valores auferidos de forma ilegítima, chamado popularmente de lavagem de dinheiro, tem sido combatido duramente pela comunidade internacional e, atualmente, é tema crítico na agenda das nações, de forma que políticas criminais são encorajadas por diversos instrumentos e organismos internacionais.

Da mesma forma, o crime organizado já faz parte da agenda internacional e tem ganhado espaço destacado nas convenções e acordos que visam coibir o tráfico de entorpecentes e a lavagem de dinheiro. Não surpreende que a delinquência organizada seja, atualmente, flagelo social dos mais perniciosos, com repercussões em todas as camadas sociais, especialmente as mais desfavorecidas.

O crime apresenta-se como solução, extravagante e ilegal, para uma massa carente de serviços públicos. Por conseguinte, a base em que se estrutura

---

(2) Do original: "En todo este contexto global de comercio ilegal el lavado de dinero aparece como motor esencial de los negocios. El avance de la tecnología financiera, la velocidad de los intercambios han ampliado el mercado global y con él, las negociaciones ilegales del crimen organizado". VIGNA, Piero L. La cooperación judicial frente al crimen organizado. In: YACOBUCCI, Guillermo Jorge. *El crimen organizado*: desafíos y perspectivas em el marco de la globalización. Buenos Aires: Depalma, 2005. p. 223.

o crime organizado, notadamente o relacionado ao tráfico de drogas, são os empregos oferecidos à comunidade, como oportunidade de carreira[3].

Ademais, a disfuncionalidade que o mecanismo do crime organizado produz no mercado termina por falsear a liberdade do sistema econômico. A presença da criminalidade organizada na economia limita a liberdade de acesso e a oportunidade de novos investimentos e de consumo, altera o funcionamento do mercado, da propriedade e do trabalho, e acaba prejudicando o saudável desenvolvimento econômico[4].

Por essas razões, a lavagem de dinheiro pode ser considerada uma patologia da globalização econômica, a qual serve para as organizações criminosas "[...] assegurarem a própria reprodução e tornarem possível a ampliação e a perpetuação das atividades criminais [...]"[5]. Pode-se concluir que a lavagem de dinheiro é, em verdade, uma consequência do avanço da criminalidade.

O crime organizado, que de tão dependente da "lavagem" se confunde com ela, representa ameaça à democracia e à soberania dos Estados, pela força do montante que movimenta e pelo poder corruptor que enseja, "imiscuindo-se nos negócios do Estado, comprando, vendendo e alugando funcionários que deveriam ser servidores públicos"[6].

Assim, sendo a lavagem de dinheiro essencial à sustentação da organização criminosa, parece impossível analisar uma sem referir-se a outra[7]. Não há, por conseguinte, como discutir o fenômeno da lavagem de dinheiro sem demonstrar a sua íntima relação com o fenômeno da criminalidade organizada internacional, de forma que tal vinculação merece especial atenção.

Para tanto, no item 1.1 desta obra, os contornos gerais da criminalidade organizada serão objetivamente delineados, bem como apontadas suas principais características e discutida sua conceituação.

Mais adiante, no tópico 1.2, se discorrerá propriamente sobre lavagem de dinheiro, seu conceito e as fases em que se desdobra.

Por fim, na terceira parte deste primeiro capítulo, serão apontados os esforços internacionais para o combate à lavagem de dinheiro, especialmente

---

(3) RIBEIRO, Darcy. *O povo brasileiro*: formação e o sentido do Brasil. São Paulo: Companhia das Letras, 2006. p. 188-190.
(4) CALLEGARI, André Luís. *Direito penal econômico e lavagem de dinheiro*: aspectos criminológicos. Porto Alegre: Livraria do Advogado, 2003. p. 31.
(5) MAIA, Carlos Rodolfo Fonseca Tigre. *Lavagem de dinheiro*. São Paulo: Malheiros, 1999. p. 23.
(6) BONFIM, Márcia Monassi Mougenot; BONFIM, Edilson Mougenot. *Lavagem de dinheiro*. São Paulo: Malheiros, 2005. p. 13.
(7) PITOMBO, Antônio Sergio A. de Moraes. *Lavagem de dinheiro*: a tipicidade do crime antecedente. São Paulo: Revista dos Tribunais, 2003. p. 21.

a Convenção das Nações Unidas contra o Tráfico de Ilícito de Entorpecentes e Substâncias Psicotrópicas (Convenção de Viena de 1988), o Grupo de Ação Financeira Internacional (GAFI) e as suas 40 Recomendações, a Convenção das Nações Unidas contra a Delinquência Organizada Transnacional (Convenção de Palermo de 2000) e a Convenção das Nações Unidas contra a Corrupção (Convenção de Mérida de 2003).

1.1. Criminalidade organizada transnacional

1.1.1. O problema da sua conceituação

Não há como negar o papel importante da globalização e do desenvolvimento tecnológico, em especial o das telecomunicações, os quais trouxeram consigo inúmeros benefícios, entre os quais as fáceis e, praticamente, instantâneas transações monetárias ao redor do mundo. Essas mudanças contribuíram sobremaneira para a dinamização das relações internacionais, para a intensificação da integração entre os Estados e para o aumento significativo no fluxo de mercadorias e capitais.

Porém, essas não foram as únicas implicações dessa nova era, pois, utilizando-se da estrutura concebida para atender a necessidades lícitas, as organizações criminosas iniciaram um processo de profunda sofisticação das técnicas utilizadas para delinquir.

Podemos destacar o aprimoramento dos meios utilizados para usufruir dos produtos desses ilícitos, seja para ocultar, ou mesmo legitimar, a origem dos lucros auferidos em suas atividades criminosas, como resultado indesejado da globalização econômica.

As grandes somas de capital obtidas pelas organizações criminosas passaram a circular por meio das fronteiras, sendo possível esconder, ocultar e dissimular a origem de seus ganhos, distanciando gradativamente o lucro de sua real origem, em processos cada vez mais sofisticados, podendo, ao final, inserir-se o dinheiro proveniente de ilícitos na economia legal.

As técnicas e os procedimentos de lavagem seguem a tendência de uma crescente sofisticação, de forma a elidir a ação dos países que os combatem e devem cambiar e evoluir continuamente na medida em que os organismos encarregados de sua repressão vão identificando e neutralizando as vias já existentes[8].

Por outro lado, a queda das fronteiras comerciais, o comércio eletrônico e a globalização do mercado e das bolsas geraram não só alianças estratégicas entre

---
(8) CALLEGARI, André Luís. *Direito penal econômico e lavagem de dinheiro*: aspectos criminológicos. Porto Alegre: Livraria do Advogado, 2003. p. 41.

grupos criminosos, mas, também, extraordinária flexibilidade para delinquir. Isso significa a possibilidade de operar preferencialmente em territórios cuja resposta, em termos de atribuição de recursos à própria atividade criminal, seja mais satisfatória[9].

Esse tipo de organização goza de vantagem sobre o sistema jurídico penal de qualquer sociedade moderna, sobretudo, pelos recursos econômicos que dispõem, os quais superam amplamente os disponíveis para combatê-la nos países em que atuam[10]. Além disso, a transferência de dinheiro de um a outro país dificulta sua persecução por parte das autoridades e acaba por facilitar sua ocultação.

Os países têm, assim, grande dificuldade em enfrentar essa criminalidade, pois esbarram em um problema jurídico fundamental: criar um corpo legislativo que, permitindo eficiência ao sistema repressivo, não fira os direitos e garantias dos indivíduos, assegurados nas Constituições e Convenções de Direitos Humanos[11].

Portanto, o crime organizado não pode ser compreendido como um mal apenas de um determinado lugar, já que as organizações costumam atuar em diversos países, aproveitando-se da parca cooperação intergovernamental e das barreiras impostas pelo excesso de apego ao princípio da soberania nacional.

Em suma, o crime organizado mais moderno é transnacional, porque opera além das fronteiras geográficas e sempre busca os melhores mercados e os melhores prestadores de serviços, especialmente os serviços bancários.

Os efeitos da globalização "[...] parecem remeter o problema do crime organizado preponderantemente a âmbitos mais amplos e genéricos, quase que obrigando seu estudo sob uma ótica de integração supranacional (ou visão externa da questão)"[12].

---

(9) Do original: "La caída de las fronteras comerciales, la globalización del mercado y de las bolsas, el comercio electrónico, han generado no solamente alianzas estratégicas entre grupos criminales, sino sobre todo su extraordinaria flexibilidad para delinquir. Esto significa poder operar rápidamente en territorios cuya respuesta es más satisfactoria, en términos de asignación de recursos a la propia identidad criminal" (CASTALDO, Andrea. Una introducción al problema. In: YACOBUCCI, Guillermo Jorge. *Op. cit.*, p. 275).

(10) Do original: "La delincuencia organizada constituye hoy en día uno de los flagelos sociales más perniciosos que aquejan a la humanidad, cuyas dimensiones todavia no se han medido plenamente ni sus consecuencias determinado completamente. Este tipo de organización goza de una aparente ventaja, sobre el sistema jurídico penal de cualquier sociedad moderna, dada por el factor sorpresa con que se ha presentado y sobre todo por los recursos económicos que superan ampliamente al de los países en los que actuam" (MAYOR, Pedro Juan. Concepcion criminologica de la criminalidad organizada contemporânea. *Revista Brasileira de Ciências Criminais*, São Paulo, n. 25, p. 216-225, jan./mar. 1999).

(11) PENTEADO, Jaques de Camargo. *Justiça penal*: críticas e sugestões. São Paula: Revista dos Tribunais, 1995. p. 32.

(12) JESUS, Damásio E. de. In: ZAFFARONI, Eugênio Raul; KOSOVSKI, Ester. *Estudos em homenagem ao prof. João Marcello de Araújo Júnior*. Rio de Janeiro: Lumen Juris, 2001. p. 130.

Destarte, vários autores defendem uma maior cooperação internacional e judicial, que se apresente cada vez mais indispensável, forte e incisiva, devido a novas características assumidas, desde muito tempo e em constante aumento, pela criminalidade organizada transnacional: seja pelos mercados delitivos em que opera, pelos instrumentos que utiliza para esse fim ou, finalmente, pela estrutura que assumiu[13].

Como consequência do exposto, tem havido uma alteração qualitativa substancial nos negócios ilegais praticados pelas organizações criminosas, bem como na maior quantidade de ganhos ilícitos decorrentes deles.

O crime organizado evoluiu na busca de "atividades" mais lucrativas. Inicialmente, atuou "[...] nas atividades de extorsão (venda de proteção) e nos crimes 'sem vítima' (*e. g.*, os empréstimos usurários, a prostituição, o fornecimento de bebidas ilegais e os jogos de azar)"[14].

Posteriormente, passou ao tráfico de armas e entorpecentes, pornografia, controle de sindicatos, corrupção de funcionários públicos e da classe política, inclusive financiando campanhas eleitorais, chegando até mesmo a ter seus próprios candidatos. Essa última estratégia visa especialmente à dominação do aparato estatal com objetivo de obter conivência das autoridades.

A propósito, o tráfico de entorpecentes hoje possui uma grande relevância no estudo da lavagem de dinheiro, pois projeções feitas pelo Fundo Monetário Internacional (FMI) e pelo Banco Mundial indicam que o volume de recursos submetidos ao processo de "lavagem" de capitais varia entre 2% e 5% da economia global, algo aproximado à US$ 500 bilhões por ano no mundo, sendo 80% (US$ 400 bilhões) desse total gerados pelo narcotráfico[15].

O perfil que será apresentado está intimamente ligado a um efeito multiplicador, pois a consolidação da estrutura criminal se alimenta dos próprios resultados, gerando uma tendência de crescimento nos perfis subjetivos (número de associados) e objetivos (delitos nos quais investe a força da associação)[16].

---

(13) Do original: "Se ha vuelto indispensable una cooperación judicial cada vez más fuerte e incisiva debido a las nuevas características asumidas, desde hace tiempo y en constante aumento, por la criminalidad organizada: sea por los mercados delictivos donde opera, por los instrumentos que utiliza para ese fin o, finalmente, por la estructura que ha asumido" (VIGNA, Piero L. La cooperación judicial frente al crimen organizado. In: YACOBUCCI, Guillermo Jorge. *Op. cit.*, p. 223).
(14) MAIA, Carlos Rodolfo Fonseca Tigre. *Op. cit.*, p. 25.
(15) BARROS, Marco Antônio. *Op. cit.*, p. 38.
(16) Do original: "[...] es lógico pensar que el perfil de la organización íntimamente arraigado en la asociación criminal implica un efecto multiplicador. En los hechos, la consolidación de la estructura criminal se autoalimenta de los propios resultados, generando una tendencia de crecimiento bajo los perfiles subjetivo (número de los asociados) y objetivo (delitos en

Rodolfo Tigre Maia[17] propõe uma classificação para o crime organizado, dividindo-o em cinco categorias essenciais:

a) a primeira se refere ao fornecimento de serviços ilegais, como jogo, prostituição, venda de proteção, empréstimos usurários ou agiotagem;

b) a segunda seria caracterizada pelas atividades de suprimento de mercadorias e bens ilícitos, como drogas, pornografia e bens oriundos de crimes em geral;

c) já na terceira encontramos a infiltração em negócios lícitos, como atividades extorsionárias, e a aquisição ou constituição de empresas legítimas para auxiliar na reciclagem dos ativos;

d) na quarta se verifica a utilização de empresas legítimas para a prática dos crimes, como criminalidade corporativa, crimes de colarinho branco, firmas de fachada ou estabelecimentos comerciais "laranjas" para aplicar golpes; e

e) por fim, temos a quinta classificação, que se caracteriza pela infiltração na estrutura estatal e corrupção dos funcionários e agentes públicos, como enriquecimento ilícito, corrupção, concussão, tráfico de influência, grupos de extermínio formados por agentes das forças públicas e financiamento de campanhas eleitorais para obter "cooperação" governamental.

Essa classificação se apresenta ainda mais interessante quando observamos que segue uma espécie de ordem cronológica, uma escala "evolutiva", por assim dizer, dos meios ilícitos utilizados pelas organizações criminosas para obter seus ganhos.

Ressalte-se que o crime organizado costuma estar ligado a produtos ou serviços considerados ilegais ou clandestinos em determinada localidade, em determinada época, pelas instituições estatais. Foi assim nos Estados Unidos na época da "Lei Seca", é assim hoje com o tráfico de drogas.

As atividades seguem, portanto, a regra da tendência de mercado, procurando sempre oferecer às pessoas tudo o que elas não conseguiriam de forma lícita. A propósito, o crime organizado existe justamente porque uma parte da sociedade o quer para cobrir suas necessidades e desejos, que de outra maneira teriam que ser postergados ou insatisfeitos e, por consequência, como fator de poder econômico, cultural e político de uns poucos sobre muitos[18].

---
        los cuales se invierte la fuerza de la asociación). CASTALDO, Andrea. Una introducción al problema. In: YACOBUCCI, Guillermo Jorge. *Op. cit.*, p. 273.
(17) MAIA, Carlos Rodolfo Fonseca Tigre. *Op. cit.*, p. 25.
(18) Do original: "[...] El existe porque una parte de la sociedad lo quiere para cubrir sus necesidades y deseos, que de otra manera tendrían que ser postergados o insatisfechos, y por

Porém, a criminalidade organizada caracteriza-se também pelo reinvestimento dos ganhos derivados de crimes em circuitos financeiros legais, seja com o objetivo de descontaminar sua origem delitiva, seja pelo grande volume de dinheiro produzido por suas atividades[19].

A administração e a aquisição de bens e negócios lícitos são usadas como forma de investimento dos ativos ilícitos, tornando-os legítimos, inclusive como meio de praticar ilícitos mais sofisticados, como os crimes contra o sistema tributário, a economia popular e o sistema financeiro, "[...] tradicionalmente cometido por criminosos de 'colarinho branco'"[20].

Por isso mesmo, a subsistência do crime organizado depende, sobretudo, da infiltração de seus agentes nos meios políticos, sociais e econômicos, além de outras esferas do poder[21]. A estratégia é perfeitamente lógica, uma vez que uma das características do crime organizado é a obtenção de lucro por meio da oferta de bens e serviços escassos, proibidos ou moralmente repelidos, de forma que a manutenção de uma rede de conexões que preserve a discrição de seu empreendimento é fundamental[22].

A corrupção, aliás, é um fenômeno presente em muitos países, o qual deve ser combatido com a máxima eficácia, pois se tornou um dos meios de atuação preferidos das organizações criminosas, sendo, inclusive, preferível à violência — a qual se recorre apenas como *extrema ratio*. Isso se deve pelo caráter silencioso e oculto da corrupção, que cria um vínculo de cumplicidade entre corruptor e corrompido, a redundar em maior possibilidade de assegurar impunidade[23].

Segundo Ricardo Augusto de Araújo Teixeira, "o estudo de casos recentes de grande corrupção, seja no Brasil ou em qualquer outro país, indica que em

---

supuesto, como factor de poder económico, cultural y político, de unos pocos sobre 'los muchos'". MAYOR, Pedro Juan. *Op. cit.*, p. 222.

(19) Do original: "[...] la criminalidad asociativa se ha expandido al mundo económico: las ganancias que derivan del crimen vienen reinvertidas en circuitos económico-financieros legales, sea con el objetivo de descontaminar su origen ilícito, sea por las grandes ganancias que tal actividad produce". CASTALDO, Andrea. Una introducción al problema. In: YACOBUCCI, Guillermo Jorge. *Op. cit.*, p. 275.

(20) MAIA, Carlos Rodolfo Fonseca Tigre. *Op. cit.*, p. 25.

(21) ANJOS, J. Haroldo dos. *As raízes do crime organizado*. Florianópolis: IBRADD, 2002. p. 90.

(22) GOMES, Abel Fernando. Crime organizado e sua conexão com o poder público. *Revista do Tribunal Regional Federal da 1ª Região*, Brasília, v. 1, n. 1, p. 159-175, out./dez. 1989.

(23) Do original: "[...] el fenómeno de la corrupción está muy presente en numerosos países y debe ser combatido con la máxima eficacia, porque se ha transformado uno de los modos de actuar preferidos por la criminalidad organizada, más que la misma violencia — a la cual se recuerre como extrema ratio — por su carácter silencioso y oculto que determina un vínculo de *omertá* (o 'ley del silencio') entre el corruptor y corrupto, y que da más garantias de impunidad". VIGNA, Piero L. la cooperación judicial frente al crimen organizado. In: YACOBUCCI, Guillermo Jorge. *Op. cit.*, p. 228.

tais situações há a presença de estruturas institucionalmente organizadas para viabilizar as operações de corrupção e lavagem. É, portanto, visível a presença de organizações criminosas neste cenário"[24].

Em verdade, a organização criminosa surge de forma imediata, como um "ente" inominado, sem rosto, quase místico, que se move entre os bastidores do poder, apoderando-se permanentemente de formas de gerar ganhos em seu benefício, à margem da lei, utilizando todos os mecanismos disponíveis ao seu alcance — violentos ou não — buscando brechas na lei pelas quais possa desenvolver a atividade ilícita, sem que essa conduta possa afetá-lo juridicamente e, caso não exista tal possibilidade, de usar do poder político ou econômico para que seja garantida sua impunidade[25].

As organizações criminosas, portanto, passam a ter como aliados agentes do poder público, em razão dos recursos destinados até mesmo a campanhas eleitorais, podendo ainda oferecer serviços que deveriam ser prestados pelo próprio Estado, como segurança e saúde, e, dessa forma, ganhar respaldo popular e poder constituir até um Estado paralelo[26].

O fabuloso fluxo de capitais lavados permite a conquista de espaços de poder, a ocasionar gradual destruição do tecido econômico do Estado. De tal sorte, as organizadas associações transnacionais passam a interferir na vida econômica, social e política das comunidades em que atuam[27].

Com o grande poderio econômico que o crime organizado adquiriu, tornou-se conveniente eliminar a maior ameaça ao seu desenvolvimento: a persecução penal estatal. Nesse sentido, é pela corrupção que a organização criminosa encontra poder político, garantidor de sua estabilidade, de forma a passar a ter influência nas investigações e julgamentos dos crimes praticados.

---

(24) TEIXEIRA, Ricardo Augusto de Araújo. Lavagem de dinheiro, organizações criminosas e corrupção: correlações contemporâneas. In: SPINEIRA, Bruno; CRUZ, Rogério Schietti; REIS JÚNIOR, Sebastião. *Crimes federais*. Belo Horizonte: D'Plácido, 2016. p. 335.
(25) Do original: "Surge también en forma inmediata la idea acerca de un 'ente', innominado, sin rostro, casi místico que se mueve entre las bambalinas del poder, elucubrando permanentemente formas de generar ganancias en su beneficio al masgen de la ley previendo los mínimos detalles, utilizando todos los mecanismos disponibles a su alcance, violentos o no, buscando fracturas y lagunas legales a través de las cuales pueda desarrollar una actividad ilícita que lógicamente podrían ser de acción u omisión, sin que dicha conducta pueda afectarlo jurídicamente, y en caso que no exista tal posibilidad prever los botones necesarios a oprimir, del poder político ó económico que le garantice la impunidad". MAYOR, Pedro Juan. *Op. cit.*, p. 217.
(26) PITOMBO, Antônio Sergio A. de Moraes. *Op. cit.*, p. 29.
(27) MAIEROVITCH, Walter Fanganiello. As associações criminosas transnacionais. In: PENTEADO, Jaques de Camargo. *Justiça penal*: críticas e sugestões. São Paulo: Revista dos Tribunais, 1995. p. 58.

Todavia, a afirmação de que a formação de um Estado paralelo seria um dos objetivos do crime organizado é questionável.

A própria tipicidade das condutas é que garante elevados ganhos, logo, jamais a criminalidade organizada formaria um Estado paralelo, em sua literalidade. Acreditamos que a criminalização da conduta assegura uma reserva de mercado e a ausência de concorrência, de forma que, se a conduta deixasse de ser ilícita, a iniciativa privada ocuparia esse nicho de mercado.

Quanto ao fornecimento de serviços essenciais a uma coletividade, a organização criminosa o faz para obter, principalmente, uma base territorial em que possa refugiar-se e operar sem a interferência das autoridades.

Aí está a chave para o sucesso desta empreitada: corromper, eleger e influenciar autoridades, não para que legalizem as atividades, mas para que garantam a impunidade por meio de leis inoperantes, da fiscalização e repressão deficientes, ou mesmo, de decisões judiciais favoráveis.

A segurança e a certeza da impunidade são, justamente, a manutenção do *status quo*, de forma que, mediante a mudança dos dirigentes, pode ser rompida a leniência estatal, o que significaria o fim da impunidade. Por conseguinte, o sucesso do empreendimento criminoso está diretamente ligado à existência de policiais, juízes, promotores e funcionários corruptos[28].

Vale salientar, pelo exposto, que o crime organizado não pode ser assemelhado a mera prática organizada de delitos, pois procura a perpetuidade, aproximando-se muito mais de uma empresa ou mesmo de uma instituição.

De fato, são inegáveis as semelhanças entre o crime organizado e as instituições, pois ambos perduram no tempo, são formados por pessoas com objetivos comuns e personificam uma organização, com níveis hierárquicos e autonomia para formular suas próprias regras e dirimir conflitos[29].

Ademais, aproxima-se da empresa quanto à sua finalidade: o lucro. Sempre à procura de melhor desempenho, melhor mercado e a maior lucratividade possível por meio de suas ações criminosas. Como toda empresa ou instituição, não morre ou se dissolve pela morte ou prisão de seus "sócios", pois sempre haverá um processo sucessório, por ascensão hierárquica, de acordo com regras estabelecidas, e o membro ausente será substituído, de forma a perpetuar a empresa na criminalidade.

Daí a importância do combate não só à atividade principal da organização criminosa, e consequente prisão de seus membros, mas também da tomada de

---

(28) HIRECHE, Gamíl Föppel El. *Análise criminológica das organizações criminosas*: da inexistência à impossibilidade de conceituação e suas repercussões no ordenamento jurídico pátrio. Manifestação do Direito penal do Inimigo. Rio de Janeiro: Lumen Juris, 2005. p. 95.
(29) PITOMBO, Antônio Sergio A. de Moraes. *Op. cit.*, p. 35-36.

medidas que impossibilitem a manutenção de suas atividades. Por isso, combater a lavagem de dinheiro significa retirar a possibilidade de a organização criminosa usufruir de seus lucros ilícitos, eliminando, portanto, sua razão de existir[30].

Fausto de Sanctis esclarece que "Deve-se ressalvar a existência de espaços cinzentos entre as figuras do crime organizado e da lavagem de dinheiro, o que acentua a proximidade, quase que absoluta, entre as duas figuras"[31].

As organizações criminosas possuem, inclusive, mecanismos de gestão mais qualificados do que aqueles que detêm preparação específica no setor econômico-financeiro. Essa preocupação de sempre sofisticar-se não é somente para potencializar os investimentos e a lavagem, mas também para "lavar" as pessoas que introduzem o dinheiro sujo no mundo das altas finanças[32].

Atualmente, em geral apoiadas em suporte tecnológico bastante sofisticado, similar ao que ocorre em grandes empresas idôneas, podemos encontrar algumas características comuns às organizações criminosas[33]:

- durabilidade e continuidade;
- caráter transnacional;
- prática de diversas infrações, com ou sem vítima ou de natureza difusa;
- estrutura hierárquica piramidal distribuída no mínimo em três níveis, com a presença de chefe, subchefe ou conselheiro, gerentes e partícipes de outros escalões menos importantes;
- divisão de tarefas entre seus membros, devido à diversificação de atividades;

---

(30) Vale salientar que o combate à lavagem de dinheiro não pode restringir-se ao mero perdimento de bens, produtos do crime, mas também deve pautar-se pelo combate e criminalização do emprego desses ativos, tanto pelos criminosos como também por terceiros que deles se beneficiam.
(31) SANCTIS, Fausto Martin De. *Crime organizado e lavagem de dinheiro*: destinação de bens apreendidos, delação premiada e responsabilidade social. São Paulo: Saraiva, 2015. p. 29.
(32) Do original: "[...] gracias a los operadores, instrumentos y mercados bancarios y financieros, los sujetos predispuestos a la legalidad llegan a introduciré en la economía legal con más facilidad. En este sentido, de las investigaciones surge la tendencia, en el ámbito de los grupos criminales, a atribuir las funciones de gestión más cualificadas a aquellos a que tienen una preparación específica en el sector económico-financiero, y esto no solamente para potenciar las inversiones y el lavado, sino también para 'lavar', a través del dinero, a las personas introduciéndolas, en el mundo de las altas finanzas." VIGNA, Piero L. La cooperación judicial frente al crimen organizado. In: YACOBUCCI, Guillermo Jorge. *Op. cit.*, p. 225.
(33) MAIA, Carlos Rodolfo Fonseca Tigre. *Op. cit.*, p. 53 e ANJOS, J. Haroldo dos. *Op. cit.*, p. 81-86.

- restrição dos componentes ou participantes, de forma que apenas pessoas da absoluta confiança do alto escalão podem participar, como forma de melhor controlar a atuação de cada integrante;
- envolvimento de agentes públicos por meio da corrupção;
- busca incansável pela otimização dos lucros e do seu poder, em sentido amplo; e
- lavagem do capital obtido ilicitamente, para conseguir melhor e mais tranquilamente aproveitá-lo[34].

1.1.2. Conceituação

Feitas essas considerações, resta-nos adentrar na região nebulosa da conceituação do crime organizado transnacional.

Em relação a esse problema, porém, deve-se frisar que não existe consenso na doutrina a respeito do conceito de crime organizado, e que nenhuma das definições propostas goza de aceitação plena por parte dos estudiosos e doutrinadores, sobretudo quando se quer estabelecê-lo como uma categoria criminológica[35].

O consenso reside apenas no reconhecimento dessa grande dificuldade, desse importante desafio a ser enfrentado, pois "[...] tanto a doutrina quanto a jurisprudência da maioria dos países reconhecem ser quase impossível formular um 'conceito unânime'"[36].

Nada obstante tal insucesso, tal reconhecimento, a busca de uma conceituação do que seja crime organizado tem sido uma preocupação constante no cenário internacional, em especial para atender a uma padronização ou uniformização dos conceitos.

Sabe-se que a finalidade de cometer delitos que gerem grandes ganhos, puramente econômicos ou avaliados em termos de prestígio político, é garantida, em maior medida, pela associação de pessoas em contraposição ao cometimento meramente individual.

Por conseguinte, já podemos tecer uma primeira reflexão: enquanto a criminalidade clássica se baseava na realização do delito, a criminalidade

---
(34) BARROS, Marco Antônio. *Op. cit.*, p. 38.
(35) Do original: "[...] no existen acuerdos en doctrina al respecto y que ninguno en especial, goza de una aceptación plena por parte de los estudiosos y doctrinarios, sobre todo, cuando se lo quiere establecer como una categoría criminológica". MAYOR, Pedro Juan. *Op. cit.*, p. 218.
(36) JESUS, Damásio E. de. In: ZAFFARONI, Eugênio Raul; KOSOVSKI, Ester. *Op. cit.*, p. 129.

organizada tem seu fundamento no *pactum scelris* (pacto do crime), se caracterizando, portanto, pela índole indeterminada dos delitos a serem cometidos[37].

Ademais, se não existe definição unânime, podemos afirmar o que a criminalidade organizada não é. Não se pode simplesmente confundi-la com uma criminalidade de massa, que é criminalidade que ocorre no cotidiano, de maior visibilidade, e que ofende direitos individuais universais, como a vida, a honra e o patrimônio. A criminalidade organizada é bem menos visível que a criminalidade de massa, age de forma sorrateira e atinge bens jurídicos supra individuais[38].

Em suma, numa visão mais pragmática e objetiva, a criminalidade organizada pode ser vista como uma organização de pessoas com a finalidade de cometer delitos de evidente conteúdo econômico e elevada desaprovação social[39].

As dificuldades em conceituar o fenômeno, porém, não implicam a total impossibilidade de pelo menos identificar, como vimos, alguns fatores relacionados ao problema, os quais diretamente contribuem para o delineamento do seu perfil.

Assim, não há maneira de dissociar o crime organizado de características como a pluralidade de agentes que, atuando coletiva e não individualmente na prática permanente e reiterada de crimes para obtenção de lucro e/ou de poder, formam uma organização estável, a qual opera racionalmente com a finalidade de obter lucros por meio de atividades ilícitas.

As apontadas dificuldades tampouco significam que o crime organizado não exista, com toda a vênia aos doutrinadores que defendem esta posição, como Gamíl Föppel El Hireche:

> [...] há um traço comum em todas as definições: todas elas são imperfeitas. Efetivamente, isso revela que não se pode conceituar o inexistente, mas outros problemas aparecem: todas as definições, sem exceção, são

---

(37) Do original: "La finalidad de cometer delitos que generen fuertes ganancias (*rectius*: de acumular provecto, en términos de prestigio y poder económico, mediante el delito) está garantizada, en mayor medida por la asociación de hombres en contraposición a la actuación meramente individual. Entonces es posible hacer una primera reflexión: mientras la criminalidad clásica se basaba sobre todo en la realización del delito, la criminalidad organizada, en cambio, tiene su fundamento en el *pacto sceleris*, y por tanto se caracteriza por la índole indeterminada de los delitos que se cometen". CASTALDO, Andrea. Una introducción al problema. In: YACOBUCCI, Guillermo Jorge. *Op. cit.*, p. 272-273.
(38) HIRECHE, Gamíl Föppel El. *Op. cit.*, p. 74.
(39) Do original: "En primer lugar, no existe una única definición del concepto, pues oscila entre aspectos sociológicos y perfiles normativos de descripción que modifican el concepto existente. En resumen, la criminalidad organizada puede ser vista como una organización de personas con la finalidad de cometer delitos de elevada desvalorización social y claro contenido económico". CASTALDO, Andrea. Una introducción al problema. In: YACOBUCCI, Guillermo Jorge. *Op. cit.*, p. 271.

feitas de forma imprecisa, vaga, os tipos não são cerrados, enfim, busca--se alcançar o inalcançável, atingir o inatingível, definir o indefinível.[40]

Dessa posição respeitável, ousamos discordar. Acreditamos ser o crime organizado uma forma moderna e sofisticada de delinquir. Não podemos concordar que a dificuldade de se conceituar uma nova modalidade de crime signifique que ele não exista.

Em que pese o esforço das organizações criminosas para permanecerem no anonimato, seus efeitos e danos são deletérios e visíveis na sociedade. Mesmo os defensores do posicionamento ora questionado reconhecem a existência desses efeitos.

Contudo, não existe uma única definição, pois ela deve abranger aspectos sociológicos e perfis normativos de descrição. Assim, o conceito de crime organizado tende a reunir um sem número de variáveis. Em sua descrição podem ser abarcados vários elementos, que vão da evidente pluralidade de seus agentes ao cometimento de atividades ilícitas, coexistentes com outras de caráter lícito, constituindo as primeiras fontes principais de ganhos econômicos.

O desafio é justamente delimitar o nível de organização para se considerar determinado "ente" como organização criminosa ou não. Deve-se, portanto, definir requisitos mínimos para a configuração do delito de criminalidade organizada, de forma a este ser o mais abrangente possível, capaz de inclusive acompanhar a evolução de tão grave fenômeno.

De modo geral, há três alternativas para construir o conceito de crime organizado[41]:

> a) a noção de organização criminosa é o ponto de partida para definir o crime organizado, que seria, por óbvio, o praticado por essa organização;
>
> b) define-se crime organizado sem especificar tipos penais o que, geralmente, inclui o fato de o agente pertencer à organização criminosa; e
>
> c) considera-se crime organizado o conjunto dos tipos presentes em rol exaustivo.

A Lei n. 9.034/95, que "dispõe sobre a utilização de meios operacionais para a prevenção e repressão de ações praticadas por organizações criminosas", não definiu a organização criminosa *(a)*, desprezando a linha inicial do projeto[42], que estipulava:

---
(40) HIRECHE, Gamíl Föppel El. *Op. cit.*, p. 75.
(41) PENTEADO, Jaques de Camargo. *Op. cit.*, p. 33-39.
(42) Projeto de Lei n. 3516, de 1989 (art. 2º).

para os efeitos desta lei, considera-se organização criminosa aquela que, por suas características, demonstre a existência de estrutura criminal, operando de forma sistematizada, com atuação regional, nacional e/ou internacional.

A Lei, igualmente, não definiu, por meio de seus elementos essenciais, o crime organizado *(b)*, nem mesmo listou condutas que constituiriam crimes organizados *(c)*.

Portanto, tal norma deixou em aberto os tipos penais configuradores do crime organizado, nada obstante haver admitido que qualquer delito pudesse ser caracterizado como tal, bastando que decorresse de ações de bando ou quadrilha[43].

Haveria crimes que, pelo simples fato de serem resultantes de bando ou quadrilha, seriam caracterizados como "crimes organizados", quando, na realidade, poderiam apenas representar pequena ofensa social, o que seria incompatível com a noção de crime organizado como portador de efeitos sociais perniciosos o suficiente para justificar as medidas processuais severas, a exemplo da inversão do ônus da prova.

Por outro lado, o preceito também restringiu, pois os delitos praticados por determinadas pessoas bem poderiam se caracterizar como "crimes organizados", mas, por estarem desvinculados de bando ou quadrilha, ficaram fora da órbita da lei.

A Lei n. 9.034/95 foi posteriormente revogada pela Lei n. 12.850, de 2 de agosto de 2013, que trouxe, em seu art. 1º, § 1º, a seguinte definição de organização criminosa:

> Considera-se organização criminosa a associação de 4 (quatro) ou mais pessoas estruturalmente ordenada e caracterizada pela divisão de tarefas, ainda que informalmente, com objetivo de obter, direta ou indiretamente, vantagem de qualquer natureza, mediante a prática de infrações penais cujas penas máximas sejam superiores a 4 (quatro) anos, ou que sejam de caráter transnacional.

Podemos afirmar que foi a Lei n. 12.850/2013 que efetivamente introduziu em nosso ordenamento o crime de "organização criminosa", tipificando a conduta de promovê-la, constituí-la, financiá-la ou integrá-la e apenando-a com reclusão de três a oito anos, além de multa. Já é muito mais do que tínhamos com a Lei n. 9.034/95.

---

(43) É o que se depreende da leitura do art. 1º, pelo qual é organizado o "crime resultante de ações de bando ou quadrilha". PENTEADO, Jaques de Camargo. *Op. cit.*, p. 38.

A definição trazida pela nova legislação praticamente reproduziu o conceito de "grupo criminoso organizado" da Convenção de Palermo, como veremos adiante.

A doutrina, por sua vez, assinala que a criminalidade organizada significa a criminalidade de vários membros da sociedade, os quais, mais que para um fato concreto, associam-se geralmente por tempo indeterminado e organizam sua atividade criminal como se fosse um projeto empresarial[44].

Outra forma de definir a organização criminosa é considerá-la entidade ordenada em função de estritos critérios de racionalidade, "como peças que se integram numa sólida estrutura em que cada um dos seus membros desempenha um determinado papel para o qual se encontra especialmente capacitado em função de suas aptidões"[45].

O crime organizado também pode ser concebido como um ente ideal, constituído por pessoas físicas que se associam, circunstancial ou permanentemente, em grupos, entidades, ou famílias, tendo entre seus fins o de realizar ou apoiar, de alguma maneira, atividades que têm como núcleo a ideia clara e definida de obter interesses de diversas índoles, atentando contra bens jurídicos da sociedade, atuando em diferentes níveis de organização, cuidando prioritariamente da impunidade e do anonimato de suas condutas, e atuando nem sempre de forma violenta[46].

A Convenção das Nações Unidas contra a Delinquência Organizada Transnacional, também chamada de "Convenção de Palermo" e aprovada no ano 2000, em seu art. 2º, alínea "a", conceitua grupo criminoso organizado como "grupo estruturado de três ou mais pessoas, existente há algum tempo e atuando concertadamente com o propósito de cometer uma ou mais infrações graves ou enunciadas na presente Convenção, com a intenção de obter, direta ou indiretamente, um benefício econômico ou outro benefício material"[47].

A Lei n. 12.850/2013 buscou reproduzir e adaptar este conceito, inserindo apenas a limitação de infrações penais (crimes ou contravenções) apenas com

---

(44) CALLEGARI, André Luís. *Direito penal econômico e lavagem de dinheiro*: aspectos criminológicos. Porto Alegre: Livraria do Advogado, 2003. p. 27.

(45) *Ibidem*, p. 41.

(46) Do original: "[...] se podría conceptualizar como: un ente ideal constituido por personas físicas que se asocian, circunstacial o permanentemente en grupos, entidades, o familias, teniendo entre sus fines el de realizar o apoyar de alguna manera, actividades que tienen como núcleo central la idea clara y definida de obtener intereses de diversa índole, atentando contra bienes jurídicos de la sociedad, actuando en diferentes niveles de organización, cautelando prioritariamente la impunidad y el anonimato de sus conductas, y actuando no siempre en forma violenta". MAYOR, Pedro Juan. *Op. cit.*, p. 223.

(47) BRASIL. Decreto n. 5.015, de 12 de março de 2004. Promulga a Convenção das Nações Unidas contra o Crime Organizado Transnacional. Presidência da República. Disponível em: <https://www.planalto.gov.br/ccivil_03/_Ato2004-2006/2004/Decreto/D5015.htm>. Acesso em: 13.8.2016.

4 (quatro) anos ou mais. Essa limitação corrobora a ideia de que não se deve admitir a banalização das organizações criminosas. Os delitos praticados por elas não são, via de regra, infrações de menor potencial ofensivo, mas condutas de alta reprovabilidade.

1.1.3. Crime organizado: origens históricas

Para compreendermos o crime organizado com maior amplitude, é essencial que observemos suas origens. Para tanto, citaremos exemplos históricos — como Al Capone e Meyer Lansky — e, por fim, discorreremos sobre a história da receptação. Esta possui grande relevância para esta obra, pois, para nós, é fundamental que se faça a diferença entre lavagem de dinheiro e receptação.

Historicamente, os criminosos sempre tentaram ocultar os frutos de suas atividades delitivas, supondo logicamente que o descobrimento de tais fundos por parte das autoridades conduziria, obviamente, aos delitos que os geraram[48].

Quando se fala em crime organizado, o exemplo de Al Capone é de longe o mais estudado e famoso, pois faz parte da história do crime organizado nos Estados Unidos, que talvez por isso, tenham sido o primeiro Estado a criminalizar a prática da "Lavagem" de Dinheiro.

Em 1920, por uma lei federal conhecida como Lei Volstead, proibiu-se a fabricação e venda de bebidas intoxicantes (consideradas aquelas que possuíssem mais e 0,5% de teor alcoólico) e cigarros nos Estados Unidos, excetuando-se aquelas com comprovada finalidade medicinal. Foi o período da chamada "Lei seca"[49].

As atividades criminosas se voltaram para burlar a lei por meio do contrabando e da fabricação clandestina de licores e outras bebidas. A proibição funcionou como um catalisador para o crescimento do poder das máfias. Na verdade, a medida proporcionou o desenvolvimento de um grande número de organizações criminosas, as quais trabalhavam no fornecimento destes produtos ilegais, gerando um mercado clandestino que movimentava milhões de dólares.

A atividade de contrabando e distribuição requeria uma grande organização, bem como a aproximação com atividades lícitas para justificar os ganhos do negócio ilegal. A negligência das autoridades também era ponto essencial para o funcionamento desta "empresa", o que criou terreno propício para a corrupção e o pagamento de propinas.

---

(48) CALLEGARI, André Luís. *Direito penal econômico e lavagem de dinheiro*: aspectos criminológicos. Porto Alegre: Livraria do Advogado, 2003. p. 37.
(49) ANJOS, J. Haroldo dos. *Op. cit.*, p. 79.

Foi neste panorama que um "[...] personagem paradigmático daqueles tempos alertou os demais criminosos para a relevância do desenvolvimento de novas técnicas de 'lavagem' de dinheiro: Al Capone"[50]. Ele assumiu o controle do crime organizado na cidade de Chicago, havendo enriquecido por meio do comércio ilegal de bebidas.

Capone foi preso em 1931 por sonegação fiscal, e condenado a 11 anos de prisão, após investigação de agentes federais que se debruçaram na análise de seus livros contábeis. O governo americano descobriu que, no ano de 1924, cerca de US$ 165.000 simplesmente não haviam sido declarados e, no período de 1925 a 1929, a conta atingiu montante em torno de US$ 1.000.000.

Mais tarde, em 1933, com a revogação da "Lei seca" e o fim dos ganhos milionários que fomentavam a indústria do crime, parecia que a criminalidade "recém-organizada"[51] entraria em crise.

O crime organizado viu-se, então, obrigado a diversificar-se, com a formulação de novas e mais sofisticadas estratégias, a exemplo de:

- cartelização — divisão do mercado nacional;
- intensificação da corrupção das autoridades estatais;
- exploração de novos nichos, como tráfico de drogas e jogos de azar;
- sofisticação das técnicas de "lavagem" de dinheiro;
- maior penetração nos negócio lícitos; e
- utilização de contas numeradas na Suíça, para melhor salvaguardar e ocultar os ativos provenientes das novas atividades.

Nesse contexto, merece especial destaque a figura de Meyer Lansky. Esse personagem passou pela história sem jamais ter sido condenado, tendo apenas respondido a alguns processos por evasão fiscal.

Noticia-se que, em 1932, ele fez suas primeiras incursões em bancos estrangeiros, abrindo conta numerada em um banco suíço, para esconder a soma em dinheiro que o Governador da Louisiana recebeu por permitir que Lansky e seus comparsas explorassem caça-níqueis.

Valendo-se dos serviços suíços, o referido criminoso acabou ficando famoso por criar uma das primeiras técnicas reais de lavagem de dinheiro: o "empréstimo frio" ou *loan-back*. Por esse método, o dinheiro ilegal depositado no banco estrangeiro retorna por meio de empréstimo (por isso a expressão *loan-back*) e pode então ser declarado às autoridades.

---

(50) MAIA, Carlos Rodolfo Fonseca Tigre. *Op. cit.*, p. 28.
(51) *Ibidem*, p. 29.

Com o grande volume de capital obtido por meio de seus vultosos investimentos, do tráfico de drogas e das facilidades oferecidas pelos bancos no exterior, Lansky conseguiu acumular grande poder, especialmente ancorado em estratégias de financiamento de políticos e de profissionais do direito. Tendo-os como parceiros, criou uma técnica de lavagem que o transformou em espécie de paradigma no estudo da "lavagem" de dinheiro e do crime organizado.

Por fim, feitas essas considerações históricas, e munidos de melhor compreensão do funcionamento das organizações criminosas e da criminalidade transnacional, observamos o crescimento gradativo da importância dada às operações que envolvem a "lavagem" de dinheiro.

Devemos destacar ainda outro ponto importante, provavelmente o mais relevante para este estudo: a receptação como origem do crime de "lavagem" de dinheiro.

A receptação, em uma perspectiva histórica, é o delito cuja tipicidade objetiva e cuja finalidade mais se assemelha com as do crime de "lavagem" e dinheiro. De fato, o objetivo ou resultado que se procura alcançar é o mesmo, "[...] qual seja impedir a utilização de produtos de crime"[52].

Da mesma forma que a receptação, a "lavagem" de dinheiro é um tipo penal "parasitário" ou acessório, pois só pode ser configurado se tiver havido um crime anterior, a gerar bens ou valores economicamente apreciáveis. É um tipo dependente, portanto, de um crime antecedente.

No Direito Romano não havia uma denominação precisa e técnica para a receptação, apesar desta já existir no ordenamento jurídico da época, sendo conhecida por *celare*, nada obstante ser considerada juridicamente como furto, de forma que recebia a mesma pena deste.

> Aliás, esse tratamento dispensado ao receptador constava de outras legislações antigas, como o Código de Manu. A Lei das XII Tábuas previa, ainda, com o nome de furto, uma espécie de receptação que consistia no fato de, após busca domiciliar, encontrar-se a coisa furtada em poder de determinada pessoa.[53]

No período justinianeu surgiu o *crimen extraordinarium receptatorum*, que compreendia a receptação pessoal e a receptação real, ou seja, aquela relativa a coisas provenientes de *furtum*. O receptador era equiparado ao ladrão e sofria a mesma pena, de forma que a receptação era considerada *auxilium post*

---
(52) MAIA, Carlos Rodolfo Fonseca Tigre. *Op. cit.*, p. 22.
(53) PRADO, Luiz Regis. *Curso de direito penal brasileiro.* São Paulo: Revista dos Tribunais, 2006. p. 636. v. 2: parte especial.

delictum ou cumplicidade delinquente[54]. Essa ideia — de receptação como favorecimento do delinquente — persistiu na Idade Média.

Carpsóvio, no século XVII, estudou a receptação como um crime especial. Já no século XIX, por influência de Nani, a autonomia deste crime foi consolidada e passou a ter como pressuposto qualquer delito que propiciasse um acréscimo patrimonial em favor do agente, não se restringindo a um crime contra o patrimônio. Passou-se a entender que seria ilógico considerar a receptação como cumplicidade de um delito já consumado[55].

O Código Penal Francês foi um dos que mais custaram a aceitar a ideia da diferença entre um e outro crime. Vários autores criminalistas, inclusive na própria França (Montesquieu, Legraverand, Carnot, Ortolan, Blanche etc.), defendiam essas novas ideias. No Brasil, Paula Pessoa, acompanhando a nova corrente, dizia que não era nem racional, nem filosófico, penas iguais para crimes diferentes. Nessa época (1987), Carrara vinha fazendo grande sucesso com as suas extraordinárias lições de Direito Criminal, e preconizava mais do que a diferença de tratamento entre ladrões e receptadores, pois pregava a criação de um crime novo, independente, no lugar da simples cumplicidade[56].

Assim, da mesma forma que a receptação teve a tipificação específica, independente do crime anterior, a lavagem de dinheiro também teve legislação própria e mereceu aprofundados estudos a respeito de suas técnicas e formas de realização.

1.2. O que é lavagem de dinheiro?

1.2.1. Terminologia

As expressões mais utilizadas no direito estrangeiro para a lavagem de dinheiro são: *money laundering* (inglês), *reciclaggio del denaro* (italiano), *blanchiment de l'argent* (francês), *geldwache* (alemão), *blanqueo de capitales* e *lavado de dinero* (espanhol) e branqueamento de capitais (português).

Percebe-se que, entre as terminologias existentes, duas são principais: lavagem ou branqueamento. Todavia, foi a expressão *money laundering* que ganhou notoriedade. Há quem lhe identifique a origem em meados de 1920, quando as lavanderias de Chicago, nos Estados Unidos, teriam sido utiliza-

---

(54) MACEDO, Carlos Márcio Rissi. *Lavagem de dinheiro*. Curitiba: Juruá, 2006. p. 34.
(55) PRADO, Luiz Regis. *Op. cit.*, p. 636-637.
(56) BRANCO, Vitorino Prata Castelo. *Da defesa nos crimes contra o patrimônio*. São Paulo: Sugestões Literárias, 1974, p. 137.

das por criminosos, como Meyer Lansky, para ocultar a origem de dinheiro ilícito. Porém, tem-se certeza de que a expressão foi largamente utilizada nas reportagens que cobriram o escândalo *Watergate*[57].

No Brasil, apesar da origem latina, foi decidido que não seria adotada a mesma terminologia de países como França (*blanchiment de l'argent*), Espanha (*blaqueo de dinero*) e Portugal (branqueamento de capitais). Preferiu-se a expressão "lavagem" por ser "[...] aquela que melhor se adapta às convenções brasileiras de linguagem e ao vocabulário do mercado financeiro"[58].

A exposição de motivos da Lei n. 9.613/1998 acentua que além da expressão "lavagem de dinheiro" já estar consagrada no glossário das atividades financeiras e na linguagem popular, a sua preferência, em detrimento da terminologia "branqueamento", ainda se deu por esta última poder denotar uma conotação racista à expressão[59].

Acreditamos que a escolha terminológica foi correta, pois o termo "lavagem" já estava inserido no vocabulário do país e internacionalizado pela expressão *money laundering*, sendo de tal maneira referido por juristas e pela imprensa, de modo geral.

Márcia Monassi Mougenot Bonfim afirma que, no Brasil, a expressão "lavagem de dinheiro", tradução pura da expressão "*money laundering*" empregada nos Estados Unidos, encontra-se amplamente difundida e popularizada[60], e somente por isso a consideramos a melhor, a mais adequada dentre as demais opções utilizadas pela comunidade internacional.

Por fim, o legislador pátrio preferiu a denominação legal, *nomen iuris*, "crimes de 'lavagem' ou ocultação de bens, direitos e valores" (Lei n. 9.613/1998). Esta substituição do vocábulo "dinheiro" se deu com o objetivo de dar maior alcance à norma, para que a aplicação da mesma não seja restrita apenas ao "dinheiro" como objeto, mas a quaisquer "bens, direitos e valores". Porém, nada impede a referência a esta norma como "Lei de Lavagem de Dinheiro".

---

(57) PITOMBO, Antônio Sergio A. de Moraes. *Op. cit.*, p. 32.
(58) *Ibidem*, p. 34.
(59) "13. A expressão 'lavagem de dinheiro' já está consagrada no glossário das atividades financeiras e na linguagem popular, em consequência de seu emprego internacional (*money laudering*). Por outro lado, conforme o Ministro da Justiça teve oportunidade de sustentar em reunião com seus colegas de língua portuguesa em Maputo (Moçambique), a denominação 'branqueamento', além de não estar inserida no contexto da linguagem formal ou coloquial em nosso País, sugere a inferência racista do vocábulo, motivando estéreis e inoportunas discussões". BRASIL. Exposição de Motivos da Lei n. 9.613, de 1998. Disponível em: <https://www.coaf.fazenda.gov.br/menu/legislacao-e-normas/legislacao-1/Exposicao%20de%20Motivos%20Lei%209613.pdf/view>. Acesso em: 13.8.2016.
(60) BONFIM, Márcia Monassi Mougenot; BONFIM, Edilson Mougenot. *Op. cit.*, p. 26.

1.2.2. Conceito

A conceituação torna-se imprescindível, especialmente sob o prisma criminológico, a fim de se evitar confusões com outros tipos penais, como ocorre com o crime organizado, ou mesmo para impedir a inaplicabilidade de certas normas pela simples ausência de conceituação.

Segundo Fabian Carrapos, lavagem de dinheiro é o processo tendente a obter a aplicação em atividades econômicas lícitas de uma massa patrimonial derivada de qualquer gênero de condutas ilícitas, com independência de qualquer que seja a forma que essa massa adote mediante a progressiva concessão à mesma de uma aparência de legalidade[61].

Por seu turno, Blanco Corderos considera que o branqueio de capitais é o processo em virtude do qual os bens de origem delitiva se integram no sistema econômico legal com aparência de haver sido obtidos de forma lícita[62].

Para José Laurindo de Souza Netto, "a 'lavagem' abrange todas as operações destinadas a ocultar a verdadeira proveniência dos benefícios ilícitos e tem como objetivo eliminar quaisquer vestígios sobre sua origem criminosa, transformando esses valores em dinheiro 'limpo', dando-lhes uma aparência de legalidade"[63].

De forma mais complexa, a incluir as fases do processo de lavagem no conceito, Gómes Iniesta afirma ser a lavagem de dinheiro a "operação por meio da qual o dinheiro de origem sempre ilícita (procedente de delitos que se revestem de especial gravidade) é invertido, ocultado, substituído ou transformado e restituído aos circuitos econômico-financeiros legais, incorporando-se a qualquer tipo de negócio como se houvesse sido obtido de forma lícita"[64].

Da mesma forma, Rodolfo Tigre Maia, adotando também a forma de conceituação mais detalhada e apoiando-se na conjugação de etapas do modelo do Grupo de Ação Financeira Internacional (GAFI) e seus objetivos, afirma que:

---

(61) Do original: "proceso tendente a obtener la aplicación en actividades económicas lícitas de una masa patrimonial derivada de cualquier género de conductas ilícitas, con independencia de cuál sea la forma que esa masa adopte mediante la progresiva concesión a la misma de una apariencia de legalidad" *apud* PITOMBO, Antônio Sergio A. de Moraes. *Op. cit.*, p. 35.
(62) Do original: "el blanqueo de capitales es el 'proceso en virtud del cual los bienes de origen delictivo se integran en sistema económico legal con apariencia de haber sido obtenidos de forma lícita'" *apud* PITOMBO, Antônio Sergio A. de Moraes. *Op. cit.*, p. 35-36.
(63) SOUZA NETTO, José Laurindo de Souza. *Lavagem de dinheiro:* comentários à Lei n. 9613/98. Curitiba: Juruá, 1999. p. 41.
(64) Do original: "operación a través de la cual el dinero de origen siempre ilícito (procedente de delitos que revisten especial gravedad) es invertido, ocultado, substituido o transformado y restituido a los circuitos económicos-financieros legales, incorporandose a cualquier tipo de negocio como se hubiera sido obtenido de forma lícita" *apud* PITOMBO, Antônio Sergio A. de Moraes. *Op. cit.*, p. 35.

> [...] a lavagem de dinheiro pode ser simplificadamente compreendida, sob uma ótica teleológica e metajurídica, como o conjunto complexo de operações, integrado pelas etapas de conversão (*placement*), dissimulação (*layering*) e integração (*integration*) de bens, direitos e valores, que tem por finalidade tornar legítimos ativos oriundos da prática de atos ilícitos penais, mascarando esta origem para que os responsáveis possam escapar da ação repressiva da Justiça.[65]

Segundo Márcia Monassi Mougenot Bonfim, já aplicando um conceito prático, face à legislação brasileira, afirma que entende-se por lavagem de dinheiro o processo composto de fases realizadas sucessivamente, que tem por finalidade introduzir na economia ou no sistema financeiro bens, direitos ou valores procedentes dos crimes previstos no rol do art. 1º, *caput*, da Lei n. 9.613/1998, ocultando essa origem delitiva[66].

Acreditamos que uma conceituação simples pode ser mais abrangente e permanecer por mais tempo incólume, especialmente se considerarmos que os modelos e as fases podem se modificar com o avanço doutrinário e dos meios utilizados pelo crime organizado.

Consideramos, de forma sucinta, que lavagem de dinheiro é o processo — aqui entendido como conjunto de operações e procedimentos — que objetiva dar aparência de origem lícita a bens economicamente mensuráveis, provenientes de condutas ilícitas, fazendo com que esse patrimônio possa ser usufruído e introduzido na economia formal sem levantar suspeitas das autoridades.

1.2.3. Fases ou etapas

No processo de "lavagem" de dinheiro, a doutrina aponta vários modelos, compostos das mais variadas fases ou etapas. Porém, consagrou-se o modelo adotado pelo GAFI (Grupo de Ação Financeira Internacional), o qual aponta três etapas[67] para a prática do crime de "lavagem" de dinheiro:

- introdução ou colocação (*placement*);

- controle, dissimulação, ocultação, transformação ou estratificação (*empilage* ou *layering*); e

- integração (*integration*).

---

(65) MAIA, Carlos Rodolfo Fonseca Tigre. *Lavagem de dinheiro*. São Paulo: Malheiros, 1999. p. 53.
(66) BONFIM, Márcia Monassi Mougenot; BONFIM, Edilson Mougenot. *Lavagem de dinheiro*. São Paulo: Malheiros, 2005. p. 26.
(67) *Ibidem*, p. 34.

Na primeira fase, introduz-se grande quantidade de dinheiro sujo no sistema financeiro. Portanto, nesta fase busca-se a ocultação da origem ilícita, com a separação física entre os criminosos e os produtos de seus crimes. Este propósito é conseguido com a imediata aplicação destes ativos no mercado formal[68].

Procura-se a colocação (*placement*) ou aplicação dos ativos obtidos de forma ilícita no sistema financeiro e econômico, mediante troca (conversão) de moeda em casas de câmbio, depósitos bancários, investimentos em operações de bolsa, transações imobiliárias, aquisições de joias e obras de arte, por exemplo.

Seu objetivo é justamente o de encobrir a natureza, localização, origem e propriedade dos ativos obtidos ilicitamente. Pode haver participação de várias pessoas que podem atuar tanto no âmbito nacional quanto no internacional, a fim de melhor fracionar e fragmentar o dinheiro, dificultando assim o seu rastreamento e fazendo com que os criminosos se desvinculem das vultosas somas de dinheiro obtido ilicitamente[69].

Essa etapa é "[...] a fase mais arriscada para os lavadores em razão da proximidade do dinheiro com sua origem ilícita"[70], ao mesmo tempo em que é a mais importante e a que requer dos criminosos maior sofisticação e cuidado. Da mesma forma, para aqueles que trabalham no combate à lavagem, é a etapa mais importante, pois, "segundo especialistas da polícia e da área de finanças, somente nesta etapa de colocação é possível descobrir eficazmente a lavagem de dinheiro"[71].

Na segunda fase (*layering*), também chamada de estratificação, procura-se dissimular a origem desses valores de modo a impossibilitar a identificação de sua procedência. São utilizadas operações sucessivas de forma a cada vez mais dificultar a identificação da origem dos ativos ilícitos.

É nessa "superposição de transações" que a lavagem de dinheiro realmente ocorre, afinal, somente após a dissimulação é que se pode falar em uma estruturação destes valores ilícitos em ativos com aparência de legitimidade. Esta estruturação consiste na divisão dos ativos em várias aplicações menores, abaixo daquelas que por lei obriga-se o registro[72].

José Laurindo de Souza Netto afirma que esta é a fase em que objetiva-se distanciar "[...] o capital de sua origem por meio de transações subsequentes, de modo a apagar o 'rastro' deixado pela obtenção do benefício ilícito"[73].

---

(68) MAIA, Carlos Rodolfo Fonseca Tigre. *Op. cit.*, p. 37.
(69) BARROS, Marco Antônio. *Op. cit.*, p. 44.
(70) BONFIM, Márcia Monassi Mougenot; BONFIM, Edilson Mougenot. *Op. cit.*, p. 34.
(71) *Idem*.
(72) BARROS, Marco Antônio. *Op. cit.*, p. 44-45.
(73) NETTO, José Laurindo de Souza. *Op. cit.*, p. 43.

Nessa etapa, os grandes volumes de dinheiro inseridos no mercado financeiro na fase anterior — para disfarçar sua origem ilícita e para dificultar a reconstrução pelas agências estatais de controle e repressão das trilhas de papel (*paper trail*) — devem ser diluídos em incontáveis estratos, por meio de operações e transações financeiras variadas e sucessivas, no país e no exterior, envolvendo uma multiplicidade de contas bancárias de diversas empresas, nacionais e internacionais, com estruturas societárias diferenciadas e sujeitas a regimes jurídicos os mais variados[74].

Portanto, a segunda etapa corresponde ao acúmulo de investimentos com vistas a camuflar a trilha contábil dos lucros provenientes dos crimes antecedentes, revestindo-os em incontáveis operações e transações financeiras e econômicas, utilizando, inclusive, os paraísos fiscais, sofisticados meios eletrônicos, diferentes contas bancárias em bancos diferentes e países diferentes, de pessoas físicas e jurídicas, bem como investimentos dos mais variados.

Por isso é que se pode afirmar que é nesta fase que ocorre a "lavagem" propriamente dita, pois nela se concentra a verdadeira complexidade de todo o processo e a condição para o êxito de toda a operação criminosa.

Já na terceira e última fase, a integração, em razão do sucesso das fases anteriores, o dinheiro já possui uma aparência de legitimidade e licitude. Aqui, o dinheiro entra no sistema financeiro aparentando normalidade e, com o passar do tempo, tanto a origem ilícita quanto o delito antecedente vão se distanciando cada vez mais do criminoso.

Esta última etapa caracteriza-se pelo emprego dos ativos criminosos no sistema produtivo, por intermédio da criação, aquisição e/ou investimento em negócios lícitos, ou pela simples compra de bens[75].

É a fase em que ocorre a exaustão da lavagem de dinheiro. Nela são reinseridos os lucros e os bens obtidos ilegitimamente na economia sem levantar suspeitas, pois já são dotados de aparência de legitimidade quanto a sua origem. Esse processo se realiza com o investimento em negócios lícitos ou, ainda, mediante a aquisição de bens em geral, a exemplo de imóveis, obras de arte e joias, tal como ocorre com os ativos de origem legítima[76].

Porém, analisadas e compreendidas as etapas apresentadas, apesar de seu valor didático, convém salientar que não são fases totalmente apartadas, verdadeiras etapas distintas e isoladas, ou obrigatórias e incomunicáveis, pois em algumas situações há clara comunicação entre elas, ou seja, há interdependência

---

(74) MAIA, Carlos Rodolfo Fonseca Tigre. *Op. cit.*, p. 39.
(75) *Ibidem*, p. 40.
(76) BARROS, Marco Antônio. *Op. cit.*, p. 44-45.

entre as operações, podendo inclusive ocorrer de sobreporem-se, na medida em que o processo de lavagem de dinheiro vai chegando ao seu desfecho.

Apesar das críticas recebidas por alguns autores acerca da divisão didática do processo de lavagem em fases ou etapas, não podemos deixar de reconhecer o seu valor doutrinário como forma de melhor compreender e conhecer em detalhes o processo, como ele se desenvolve e, a partir daí, elaborar estratégias para o seu combate.

1.3. Os esforços internacionais

O mundo necessita ser cada vez mais cooperativo no combate à lavagem de dinheiro. De fato, o exame dos mecanismos atuais de cooperação internacional revela que não é mais viável conceber estaticamente os ordenamentos jurídicos, nem manter a exclusividade da resposta penal em mãos de um único Estado.

O combate a essa modalidade de crime é necessário, urgente e imperioso. Não se pode prescindir da colaboração internacional, pois é inegável que o progresso tecnológico das telecomunicações tornou as distâncias e fronteiras praticamente imperceptíveis. Assim, faz-se imperiosa a reciprocidade na cooperação internacional de natureza investigativa e repressiva para frear o avanço acelerado da criminalidade transnacional.

Tal raciocínio procede e reflete uma forte tendência, principalmente nos países de direito escrito, de "relativizar o princípio de territorialidade" em favor do "princípio de justiça universal", exigindo mudanças consideráveis em temas como a extradição e a dupla jurisdição penal[77].

De fato, a flexibilização do princípio da territorialidade representou um grande avanço no combate à impunidade que tanto caracteriza esta modalidade criminosa. Pelo abrandamento deste dogma, passou a ser possível a punição de um agente em diferentes países, como se a soberania de um país pudesse alargar seus braços até outro Estado com o qual tivesse tratado internacional para tanto.

Diante da gravidade desse problema, com especial destaque ao fenômeno da "lavagem" de dinheiro e ao caráter transnacional que ela adquiriu, a comunidade internacional sentiu a necessidade de criar estrutura normativa global harmônica, somada à cooperação interestadual, para melhor combater este fenômeno.

O crime organizado, como já vimos, faz-se evidente por meio de certas condutas delitivas, as quais foram amplamente difundidas pelos organismos

---

(77) JESUS, Damásio E. de. In: ZAFFARONI, Eugênio Raul; KOSOVSKI, Ester. *Op. cit.*, p. 130.

vinculados ao Executivo, Legislativo e Judiciário de vários países, além de instituições internacionais, como as Nações Unidas, que propõem planos de ação conjunta para combater a lavagem de dinheiro[78].

Com a união internacional de esforços, vimos nascerem tratados, convenções, recomendações, resoluções e até órgãos intergovernamentais, todos com o objetivo de informar e auxiliar diferentes países na guerra contra o crime organizado, ou até mesmo de forçar a cooperação daqueles Estados que se beneficiavam do dinheiro proveniente de práticas ilícitas.

Essas normas internacionais vieram para suprir a impotência experimentada por muitos Estados na tentativa de combater estes novos delitos. Tais dificuldades fizeram com que as Nações procurassem adotar um sistema utilitarista, mais pragmático e menos dogmático. Por conseguinte, atualmente cuida-se e preocupa-se muito menos com a coerência sistemática do sistema jurídico punitivo do que com os resultados concretos que ele possa alcançar.

Nada obstante, apesar desta necessidade de flexibilização do sistema jurídico penal e de suas garantias, a almejar uma maior eficácia e segurança, não podemos deixar de atentar para o fato de que estão em jogo importantes e seculares conquistas do direito penal tradicional. É, portanto, imprescindível o encontro de um meio termo, um equilíbrio, constituindo-se este um enorme desafio para a comunidade internacional.

Diversas legislações foram influenciadas diretamente pelas normas e recomendações internacionais que passaremos a analisar, inclusive a brasileira, sendo importante o estudo e o conhecimento das principais normas e órgãos responsáveis pelo combate a esta nova modalidade de crime econômico, a qual, com o passar do tempo, foi ganhando mais importância e contando com aplicação de medidas mais enérgicas no seu combate.

Podemos destacar a Convenção das Nações Unidas contra o Tráfico Ilícito de Entorpecentes e Substâncias Psicotrópicas (Convenção de Viena de 1988), o Grupo de Ação Financeira Internacional (GAFI) e as suas 40 Recomendações, a Convenção das Nações Unidas contra a Delinquência Organizada Transnacional (Convenção de Palermo de 2000) e a Convenção das Nações Unidas contra a Corrupção (Convenção de Mérida de 2003).

---

(78) Do original: "[...] El 'crimen organizado' se hace evidente a través de conductas delictivas, ampliamente conocidas y difundidas por los organismos vinculados los Ejecutivo, Legislativo y Judicial, ademàs de Instituciones Internacionales, como las Naciones Unidas que proponen planes de acción conjunta para encarar la lucha contra este fenómeno que va tomando día a día un preocupante desarrollo en todos los niveles y ha traspasado las fronteras geo-políticas". MAYOR, Pedro Juan. *Op. cit.*, p. 222.

1.3.1. Convenção das Nações Unidas contra o tráfico de ilícito de entorpecentes e substâncias psicotrópicas

A Convenção das Nações Unidas contra o Tráfico de Ilícito de Entorpecentes e Substâncias Psicotrópicas, conhecida por "Convenção de Viena", realizada no ano de 1988 e promulgada no Brasil pelo Decreto n. 154, de 26 de junho de 1991, é considerada um marco no combate à lavagem de dinheiro e o "[...] acordo mais relevante para a repressão do tráfico ilícito de substâncias estupefacientes[...]"[79].

Esta Convenção foi pioneira na exigência de que os Estados pactuantes incriminassem a lavagem de dinheiro procedente do tráfico ilícito de entorpecentes, contendo, ainda, de forma detalhada, como deveria ser tipificado o delito, bem como quais deveriam ser os agravantes, a exemplo da participação no crime de um grupo delitivo organizado do qual o delinquente faça parte e a hipótese de o delinquente ocupar cargo público com o qual o crime tenha conexão (art. 3º, § 5º)[80].

A referida Convenção estabeleceu, ainda, diretrizes sobre cooperação internacional no combate ao tráfico de drogas, dispondo que os delitos não serão considerados fiscais ou políticos, nem delitos politicamente motivados, com o objetivo de dinamizar investigações judiciais.

A mesma ainda dispôs que serão considerados passíveis de extradição os delitos nela previstos (art. 6º, § 2º) e que, caso um Estado-Parte receba pedido de extradição de outro signatário, com o qual não tenha tratado de extradição, poderá considerar a Convenção como base jurídica para sua concessão, com referência àqueles delitos.

A Convenção também previu o confisco, não só das substâncias entorpecentes ou de bens cujo valor seja equivalente, mas também de quaisquer

---

(79) SOUZA NETTO, José Laurindo de. *Op. cit.*, p. 49.
(80) "As Partes assegurarão que seus tribunais, ou outras autoridades jurisdicionais competentes possam levar em consideração circunstâncias efetivas que tornem especialmente grave a prática dos delitos estabelecidos no § 1º deste artigo, tais como: a) o envolvimento, no delito, de grupo criminoso organizado do qual o delinquente faça parte; b) o envolvimento do delinquente em outras atividades de organizações criminosas internacionais; c) o envolvimento do delinquente em outras atividades ilegais facilitadas pela prática do delito; d) o uso de violência ou de armas pelo delinquente; e) o fato de o delinquente ocupar cargo público com o qual o delito tenha conexão; f) vitimar ou usar menores; g) o fato de o delito ser cometido em instituição penal, educacional ou assistencial, ou em sua vizinhança imediata ou em outros locais aos quais crianças ou estudantes se dirijam para fins educacionais, esportivos ou sociais; h) condenação prévia, particularmente se por ofensas similares, seja no exterior, seja no país, com a pena máxima permitida pelas leis internas da Parte" (art. 3º, § 5º).
BRASIL. Decreto n. 154, de 26 de junho de 1991. Promulga a Convenção Contra o Tráfico Ilícito de Entorpecentes e Substâncias Psicotrópicas. Presidência da República. Disponível em: <http://www.planalto.gov.br/ccivil_03/decreto/1990-1994/D0154.htm >. Acesso em: 13.7.2016.

bens destinados à fabricação desses produtos, bem como de bens oriundos dos delitos previstos em seu corpo.

Assim, os Estados-Partes deverão também adotar medidas para que suas autoridades tenham condições de identificar, detectar e decretar a apreensão desses bens, com o objetivo de realizar eventual confisco, bem como deverão facultar a seus juízes a decretação da apreensão ou o confisco de documentos bancários, financeiros ou comerciais, sem que haja possibilidade de se invocar o sigilo bancário com o intuito de se furtar a aplicação da regra. O sigilo bancário não deve, portanto, ser considerado óbice nas investigações penais no âmbito da cooperação internacional[81].

O confisco igualmente deverá atingir outros benefícios derivados, a exemplo daqueles bens nos quais o produto tenha se transformado ou sido convertido, ou até bens a que o produto tenha se misturado, lembrando que o confisco não deverá prejudicar terceiros de boa-fé.

Asseverou ainda a Convenção que os Estados-Partes considerarão a possibilidade de inverter o ônus da prova relativa à origem dos bens investigados. Destarte, deverá o investigado demonstrar a licitude do suposto produto ou outros bens sujeitos a confisco, na medida em que isto seja compatível com os princípios de direito interno de cada Estado e com a natureza de seus procedimentos jurídicos e de outros procedimentos já existentes (art. 7º).

Quanto à assistência jurídica recíproca, a Convenção aduz que deve ser a mais ampla possível nas investigações, julgamentos e processos jurídicos referentes aos delitos nela estabelecidos, tendo enumerado uma série de possibilidades para sua invocação, como receber testemunhas ou declarações de pessoas, apresentar documentos jurídicos, efetuar buscas e apreensões e examinar objetos e locais (art. 7º, § 2º).

Já podemos vislumbrar, pela natureza dos procedimentos de confisco, apreensão, inversão do ônus da prova e assistência jurídica recíproca, que existe um esforço no sentido de impedir que ocorra a lavagem de dinheiro, ou mesmo que, em ocorrendo, não fiquem prejudicadas as ações investigativas e a aplicação das penalidades devidas.

Esses procedimentos são bastante comuns, o que faz com que essa Convenção tenha importante papel no estudo da lavagem de dinheiro. Inclusive, convém dizer que, apesar de abranger apenas o tráfico de entorpecentes, a Convenção constitui um prelúdio das futuras ações internacionais na luta contra a lavagem de dinheiro.

---

(81) CUISSET, André. *La experiencia francesa y la movilización internacional en la lucha contra el lavado de dinero*. México: Procuradoría General de la República, 1996. p. 76.

1.3.2. O Grupo de Ação Financeira Internacional (GAFI) e as 40 recomendações

O Grupo de Ação Financeira Internacional (GAFI) é a fonte inspiradora da necessidade internacional de maior reciprocidade e cooperação entre os países na luta contra a "lavagem" de dinheiro. Trata-se de um organismo intergovernamental, criado em 1989, em Paris, onde se reuniram sete das maiores economias do mundo à época (Estados Unidos, Alemanha, França, Reino Unido, Itália, Canadá e Japão). Após sucessivas reuniões, houve a adesão de vários outros países, inclusive o Brasil. Atualmente, o organismo abriga quarenta membros na sua composição.

Naqueles encontros objetivava-se a criação de medidas e estratégias que aperfeiçoassem a luta contra a "lavagem" de dinheiro no âmbito internacional. Trata-se, na verdade, de um grupo fechado que confeccionou quarenta recomendações a serem seguidas por seus integrantes e também pelos demais países do mundo.

Essas recomendações são pluridisciplinares e objetivam uma padronização dos mecanismos de combate a serem adotados pelos países, além de concentrarem sua atuação principalmente nos âmbitos jurídico, administrativo e financeiro.

Um dos principais motivos para a criação do GAFI foi a dificuldade de se chegar a um entendimento nas demoradas negociações que vinham sendo travadas nas Nações Unidas. De fato, por contar com um número muito menor de países discutindo as recomendações, o consenso pôde chegar de forma mais rápida, até mesmo porque os países conhecidos como paraísos fiscais não participavam das negociações.

Todos os membros do GAFI estavam comprometidos com a luta contra a lavagem de dinheiro e, portanto, interessados em tomar medidas de ordem prática da forma mais imediata possível.

Apesar de ser extremamente eficaz, o GAFI sofre duras críticas na medida em que suas recomendações, apesar destas por natureza não possuírem caráter obrigatório e vinculante, não são simplesmente diretivas ou aconselhamentos, como pode sugerir uma primeira leitura.

Tais recomendações, caso não atendidas, sujeitam os países classificados como "não cooperantes" a sanções econômicas, mesmo que eles não sejam membros do GAFI. Ou seja, tais recomendações, na prática, têm um grande poder coercitivo e vinculante, daí as críticas.

Assim, há grande discussão doutrinária quanto à natureza das recomendações do GAFI, se seriam *soft law* ou *hard law*, bem como quanto a sua legitimidade de atingir países não membros.

Independentemente dessas controvérsias, o GAFI vem desempenhando um papel fundamental na luta contra a lavagem de dinheiro, especialmente quanto à celeridade na aplicação de suas medidas e concretização de seus objetivos. Indubitavelmente, estes são fatores essenciais no combate ao crime organizado. Ainda assim, muito tem de ser feito, pois ainda vivemos num mundo pouco cooperativo e homogêneo quanto ao desiderato em questão.

As principais recomendações do GAFI, cuja importância no combate à lavagem de dinheiro tentaremos apresentar, serão comentadas a seguir para que se possa ter uma ideia da amplitude e da diversidade de matérias reguladas.

As recomendações se iniciam a partir do âmbito de aplicação do crime de lavagem de dinheiro. A primeira recomendação requer que os países incriminem a lavagem de dinheiro de acordo com a Convenção de Viena de 1988 e a Convenção de Palermo de 2000, que será vista a seguir.

Portanto, o crime de lavagem deverá ser aplicado em todos os crimes graves, procurando abranger o conjunto mais alargado de crimes antecedentes, que poderão ser todos os crimes ou uma determinada categoria considerada mais grave, ou ainda uma combinação destes critérios. Esses crimes antecedentes devem abranger as condutas ocorridas em outro país.

Pela segunda recomendação, os países devem assegurar a responsabilização criminal e, quando ela não seja possível, a responsabilidade civil ou administrativa.

Foi determinado que não devem ser incluídos os procedimentos paralelos de natureza criminal, civil ou administrativa aplicáveis a pessoas jurídicas, em países que tais formas de responsabilidade se encontrem previstas. As pessoas coletivas devem estar sujeitas a sanções eficazes, proporcionadas e dissuasivas. Todavia, essas medidas não devem prejudicar a responsabilidade criminal das pessoas físicas envolvidas.

A terceira recomendação trata de medidas provisórias de perda. Pelos termos, os países devem adotar medidas como as previstas nas Convenções de Viena e de Palermo, inclusive medidas legislativas, a fim de que as autoridades competentes estejam em condições de declarar perdidos os bens lavados, os derivados da lavagem de dinheiro ou dos crimes antecedentes, bem como os instrumentos utilizados ou destinados a serem utilizados na prática destes crimes, ou bens de valor equivalente, sem prejuízo dos direitos de terceiros de boa-fé.

Entre estas normas estão: adoção de medidas cautelares como congelamento e apreensão, podendo-se inverter o ônus da prova e exigir que o investigado demonstre a origem legítima dos bens eventualmente sujeitos a perda.

A partir da quarta recomendação, são elencadas medidas a serem adotadas pelas instituições financeiras com o intuito de combater a lavagem de dinheiro. Pelo disposto na recomendação em apreço, as normas sobre segredo profissional das instituições financeiras não obstam à aplicação das Recomendações do GAFI, tendo a instituição um dever de vigilância relativo à sua clientela e de conservação de documentos.

Mediante a quinta recomendação, fica vedada a manutenção de contas bancárias anônimas ou com nomes manifestamente fictícios. Esse dever de identificação e vigilância incide sempre que instituição e cliente estabeleçam relações de negócio, mesmo que as transações sejam ocasionais, quando estas transações estiverem acima do limite designado, quando forem consideradas suspeitas de lavagem de dinheiro ou de financiamento do terrorismo, ou quando haja dúvida quanto à veracidade ou adequação dos dados de identificação do cliente previamente obtidos.

A sexta recomendação dispõe acerca do tratamento especial a ser dispensado às pessoas politicamente expostas, as quais devem ser observadas com um maior rigor.

Pelas recomendações onze e doze, as instituições financeiras devem prestar atenção a todas as operações complexas, anormais e suspeitas, procurando observar algumas atividades e profissões não financeiras, a exemplo de cassinos, agentes imobiliários, negociantes de metais preciosos ou de pedras preciosas, contadores, advogados, notários e outras profissões jurídicas independentes.

Outras medidas de combate à lavagem de dinheiro são dispostas nas recomendações dezessete e dezoito, as quais afirmam o dever de assegurar sanções eficazes de natureza criminal, civil ou administrativa, aplicáveis às pessoas físicas ou jurídicas que não cumpram as obrigações de combate à lavagem de dinheiro e ao financiamento do terrorismo. Além de que não se deve autorizar o estabelecimento de bancos de fachada ou tolerar a continuação da sua atividade. Por conseguinte, as instituições financeiras deveriam, de pronto, recusar iniciar ou manter quaisquer relações com tais tipos de bancos.

A recomendação vinte e seis requer que cada país crie uma Unidade de Inteligência Financeira (UIF) que sirva como centro nacional para receber (e, se permitido, requerer), analisar e transmitir declarações de operações suspeitas e outras informações relativas a atos suscetíveis de constituírem lavagem de dinheiro ou financiamento ao terrorismo. Atendendo a essa recomendação, o Brasil criou o Conselho de Controle de Atividades Financeiras (COAF), pela própria Lei n. 9.613/98.

Nas recomendações trinta e três e trinta e quatro, que tratam da transparência das pessoas jurídicas e outras entidades, ficou estabelecido que os países devem adotar medidas que impeçam o uso de pessoas jurídicas ou de outras entidades para a prática de lavagem de dinheiro. Devem ser adotadas medidas que facilitem às instituições financeiras o acesso à informação sobre os beneficiários efetivos da propriedade e controle das pessoas jurídicas.

A recomendação trinta e cinco procura enfatizar a necessidade de ratificação de outras normas sobre lavagem de dinheiro. Assim, são estimuladas medidas imediatas para a assinatura da Convenção de Viena, da Convenção de Palermo e da Convenção Internacional das Nações Unidas para a Eliminação do Financiamento do Terrorismo.

O auxílio judiciário mútuo e a extradição são tratados pela recomendação trinta e seis e seguintes. Deve-se proporcionar o mais amplo auxílio judiciário mútuo nas investigações e procedimentos de natureza criminal sobre lavagem de dinheiro e financiamento do terrorismo.

Da mesma forma, não se deve proibir nem colocar condições injustificadas à prestação de auxílio judiciário mútuo. Na verdade, os países devem dispor de procedimentos claros e eficazes para a execução dos pedidos de auxílio judiciário mútuo, sem recusar a execução de um pedido, tendo como única justificativa o fato de o crime envolver também matéria fiscal.

Não se deve, igualmente, recusar um pedido de auxílio judiciário mútuo, por seu direito interno impor às instituições financeiras a manutenção do segredo ou da confiança.

Aliás, os países devem assegurar que os poderes atribuídos às autoridades competentes possam ser também utilizados para dar resposta a pedidos de auxílio judiciário mútuo e, se for compatível com o seu direito interno, responder a pedidos diretos apresentados por outras autoridades judiciárias ou autoridades de aplicação da lei estrangeira.

Os países devem prestar o mais amplo auxílio judiciário mútuo mesmo na ausência da dupla incriminação. Quando a dupla incriminação for um requisito exigido para a prestação de auxílio judiciário mútuo ou para a extradição, tal requisito deve ser considerado cumprido, independentemente de ambos os países subsumirem o crime na mesma categoria de crimes ou de tipificarem o crime com a mesma terminologia, sempre que em ambos os países esteja criminalizado o crime antecedente à infração.

É também interessante, de acordo com a recomendação trinta e oito, a possibilidade de se tomar medidas rápidas, em resposta a pedidos de outros países, para identificar, congelar, apreender e declarar a perda de bens, objeto de lavagem de dinheiro, de produtos derivados da lavagem dos crimes antecedentes, dos instrumentos utilizados ou destinados a serem utilizados na prática daqueles crimes ou outros bens de valor equivalente. Devem ser implementadas também medidas destinadas a coordenar os procedimentos de apreensão e de perda, podendo incluir a repartição dos bens declarados perdidos.

Pela recomendação trinta e nove, deve-se considerar a lavagem de dinheiro como delito suscetível de permitir a extradição. Desta forma, cada país deveria extraditar os seus nacionais ou, quando não o possa fazer apenas em razão da nacionalidade, esse país deve, a pedido daquele que requer a extradição, submeter o caso às suas autoridades competentes, sem demoras indevidas, para que essas possam promover o procedimento criminal pela prática da infração indicada no pedido.

Essas autoridades devem tomar as suas decisões e conduzir os seus procedimentos tal como o fariam em relação a qualquer outro crime grave, de acordo com seu direito interno. Para tanto, os países envolvidos devem cooperar entre si, em especial em aspectos processuais e probatórios, de forma a assegurar a eficácia de tais procedimentos criminais.

O processo de extradição, na medida do possível, deve ser simplificado por meio da transmissão direta de pedidos de extradição entre os ministérios competentes, da extradição das pessoas baseada unicamente em mandados de detenção ou de julgamento e/ou de processos simplificados de extradição de pessoas que, livre e voluntariamente, aceitem renunciar ao processo formal de extradição.

Por fim, temos a recomendação quarenta, que trata de outras formas de cooperação. Ela assevera que se deve assegurar que as autoridades competentes proporcionem as mais amplas possibilidades de cooperação internacional.

Portanto, devem existir dispositivos claros e eficazes que facilitem, de forma imediata e construtiva, a troca direta entre as autoridades de informações sobre a lavagem de dinheiro, espontaneamente ou a pedido, e sobre as infrações que lhe estejam antecedentes.

Essas trocas de informação devem ser autorizadas sem condições restritivas indevidas pelas autoridades competentes, as quais devem estar em condições de apresentar pedidos de informação e, quando possível, proceder a investigações em nome de autoridades estrangeiras.

1.3.3. Convenção das Nações Unidas contra a delinquência organizada transnacional

A Convenção das Nações Unidas contra a Delinquência Organizada Transnacional, aprovada em dezembro de 2000, na cidade de Palermo na Itália, por isso também chamada de "Convenção de Palermo", foi aprovada juntamente com diversos "[...] Protocolos para prevenir, reprimir e sancionar o tráfico de migrantes por via terrestre, marítima e aérea e o tráfico de pessoas, em especial mulheres e crianças"[82]. Foi posteriormente promulgada no Brasil pelo Decreto n. 5.015, de 12 de março de 2004.

---

(82) BONFIM, Márcia Monassi Mougenot; BONFIM, Edilson Mougenot. *Op. cit.*, p. 22.

Essa norma tem como objetivo promover a cooperação para prevenir e combater mais eficazmente a criminalidade organizada transnacional, enfocando a necessidade de que os Estados deem condições para que as autoridades responsáveis pelo combate à lavagem de dinheiro — de forma ampla, incluindo-se as autoridades judiciais — possam cooperar e trocar informações em âmbito nacional e internacional.

A legislação pondera ainda que se diligencie no sentido da promoção de cooperação em escala mundial, regional, sub-regional e bilateral entre as autoridades judiciais, os organismos de detecção e repressão e as autoridades de regulamentação financeira, a fim de combater a lavagem de dinheiro (Decreto n. 5.015/2004, art. 7º, § 4º).

Para tanto, a referida norma insistiu na criminalização da lavagem de dinheiro e recomendou com especial enfoque a ampliação do conceito de crime antecedente ou crime principal[83], como uma forma de dar a maior abrangência possível aos novos diplomas repressivos, especialmente aquelas condutas consideradas mais graves.

A Convenção de Palermo previu uma série de dispositivos com olhos no aperfeiçoamento das técnicas de combate à criminalidade transnacional, como a responsabilização das pessoas jurídicas nos âmbitos penal, civil e administrativo, aduzindo, ainda, que a responsabilização não obstará a persecução penal contra as pessoas físicas que tenham cometido as infrações. Logo, cada Estado deverá estar munido de instrumentos legais capazes de aplicar sanções eficazes, proporcionais e acautelatórias, de natureza penal e não penal, inclusive as pecuniárias.

Foi prevista a instituição de Unidades de Inteligência Financeira (UIFs) por cada Estado-Parte, cuja criação já havia sido prevista nas 40 recomendações do GAFI, e de um regime interno completo de regulamentação e controle de bancos e instituições financeiras não bancárias, e até mesmo de outros organismos que estejam sujeitos a serem utilizados nas operações de lavagem de dinheiro, com especial destaque a identificação de clientes, registro de operações e denúncia ou comunicação de operações consideradas suspeitas (Decreto n. 5.015/2004, art. 7º, alínea *"a"*).

---

(83) "Para efeitos da aplicação do § 1º do presente artigo: a) Cada Estado-Parte procurará aplicar o § 1º do presente artigo à mais ampla gama possível de infrações principais; b) "Cada Estado-Parte considerará como infrações principais todas as infrações graves, na acepção do art. 2º da presente Convenção, e as infrações enunciadas nos seus arts. 5º, 8º e 23. Os Estados-Partes cuja legislação estabeleça uma lista de infrações principais específicas incluirá entre estas, pelo menos, uma gama completa de infrações relacionadas com grupos criminosos organizados" (art. 6º, § 2º). BRASIL. Decreto n. 5.015, de 12 de março de 2004. Promulga a Convenção das Nações Unidas contra o Crime Organizado Transnacional. Presidência da República. Disponível em: <https://www.planalto.gov.br/ccivil_03/_Ato2004-2006/2004/Decreto/D5015.htm>. Acesso em: 13.7.2016.

A Convenção ainda reforçou o instituto do confisco do produto das infrações previstas (art. 12), de bens cujo valor corresponda a este produto e dos frutos obtidos por meio do produto do crime, bem como daqueles cujos bens foram utilizados ou que seriam utilizados na prática de tais infrações. Assim, o confisco deve atingir também os bens resultantes da conversão do produto original do crime e, nos casos de mistura do produto do crime com bens legítimos, o produto final pode ser confiscado até o valor do produto do crime.

A cooperação internacional também abrange o confisco, que deverá ser executado, também, quando requerido por outro Estado-Parte. O requerido deverá tomar medidas para identificar, localizar, embargar ou apreender os bens com vista a um eventual confisco que venha a ser ordenado.

Após confiscado, o Estado poderá dispor do produto do crime de acordo com seu regramento interno. Quando for confiscado a pedido de outro Estado, deverá o produto do crime ser restituído ao requerente, para que possa indenizar as vítimas da infração ou restituí-lo aos legítimos proprietários.

Os Estados poderão, inclusive, celebrar acordos no sentido de determinar a destinação que receberão esses bens: doação a organismos intergovernamentais especializados na luta contra a criminalidade organizada ou repartição com outros Estados-Partes, por exemplo.

Outro ponto relevante é que a presente Convenção trouxe novamente à tona o princípio da inversão do ônus da prova (art. 12, § 7º).

Ressalte-se que o confisco e a inversão do ônus da prova já haviam sido previstos na Convenção de Viena de 1988 (Convenção das Nações Unidas contra o tráfico ilícito de entorpecentes e substâncias psicotrópicas).

O tema da extradição também foi tratado na Convenção de Palermo. Ela dispõe que os crimes tratados serão incluídos de pleno direito entre as infrações que dão lugar a extradição em qualquer tratado de extradição em vigor entre os Estados-Partes, podendo, em caso de não haver tratado específico de extradição, fazer-se uso da Convenção como fundamento jurídico. Importante frisar que os Estados não poderão recusar um pedido de extradição por considerar que a questão também se baseia em problemas fiscais.

Um dos principais méritos dessa Convenção foi, sem dúvida, a conceituação do que seja "grupo criminoso organizado", pois esta definição sequer existia no Brasil, tornando inócua qualquer legislação que procurasse diretamente reprimir as ações e os partícipes de organizações criminosas.

No art. 2º, alínea *"a"*, conceitua-se que grupo criminoso organizado é um "[...] grupo estruturado de três ou mais pessoas, existente há algum tempo e atuando concertadamente com o propósito de cometer uma ou mais infrações graves ou enunciadas na presente Convenção, com a intenção de obter, direta ou indiretamente, um benefício econômico ou outro benefício material".

Além disso, procurou-se, por meio do art. 5º, definir parâmetros para a criminalização daqueles que participem efetivamente do grupo criminoso organizado, bem como daqueles cuja atividade contribua ou facilite o sucesso das operações e atividades criminosas, abrangendo, inclusive, o mero aconselhamento na prática de uma infração grave[84].

Cientes da importância, dos efeitos e da dependência da corrupção para a livre prática da delinquência organizada e da lavagem de dinheiro, em especial o de amenizar a repressão estatal, os Estados-Partes também incluíram nesse diploma, especificamente no art. 8º, a obrigatoriedade da criminalização da corrupção, inclusive quando praticada por agente público estrangeiro ou por um funcionário internacional.

Um último ponto que vale a pena ressaltar é a ênfase dada ao dever de se fornecer toda assistência judiciária possível nas investigações, nos processos, e em outros atos judiciais relativos às infrações previstas na Convenção. Inclusive, neste ponto, os Estados não poderão invocar o sigilo bancário para recusar a cooperação judiciária. Porém, não são obrigados a prestar assistência nos casos de ausência de dupla incriminação (art. 18).

1.3.4. A Convenção das Nações Unidas contra a Corrupção

A Convenção das Nações Unidas contra a Corrupção, também chamada de Convenção de Mérida, demonstra a preocupação da comunidade interna-

---

(84) "Cada Estado-Parte adotará as medidas legislativas ou outras que sejam necessárias para caracterizar como infração penal, quando praticado intencionalmente: a) Um dos atos seguintes, ou ambos, enquanto infrações penais distintas das que impliquem a tentativa ou a consumação da atividade criminosa: i) O entendimento com uma ou mais pessoas para a prática de uma infração grave, com uma intenção direta ou indiretamente relacionada com a obtenção de um benefício econômico ou outro benefício material e, quando assim prescrever o direito interno, envolvendo um ato praticado por um dos participantes para concretizar o que foi acordado ou envolvendo a participação de um grupo criminoso organizado; ii) A conduta de qualquer pessoa que, conhecendo a finalidade e a atividade criminosa geral de um grupo criminoso organizado, ou a sua intenção de cometer as infrações em questão, participe ativamente em: a. Atividades ilícitas do grupo criminoso organizado; b. Outras atividades do grupo criminoso organizado, sabendo que a sua participação contribuirá para a finalidade criminosa acima referida; b) O ato de organizar, dirigir, ajudar, incitar, facilitar ou aconselhar a prática de uma infração grave que envolva a participação de um grupo criminoso organizado. 2. O conhecimento, a intenção, a finalidade, a motivação ou o acordo a que se refere o § 1º do presente artigo poderão inferir-se de circunstâncias factuais objetivas" (art. 5º). BRASIL. Decreto n. 5.015, de 12 de março de 2004. Promulga a Convenção das Nações Unidas contra o Crime Organizado Transnacional. Presidência da República. Disponível em: <https://www.planalto.gov.br/ccivil_03/_Ato2004-2006/2004/Decreto/D5015.htm>. Acesso em: 13.7.2016.

cional com a corrupção, cujo combate é fundamental na luta contra o crime organizado e a lavagem de dinheiro. Ela foi adotada pela Assembleia-Geral da ONU, em 31 de outubro de 2003, e promulgada no Brasil pelo Decreto n. 5.687, de 31 de janeiro de 2006.

A presente Convenção tem como principais finalidades *a)* promover e fortalecer as medidas para prevenir e combater mais eficaz e eficientemente a corrupção; *b)* promover a cooperação internacional e a assistência técnica na prevenção e luta contra este fenômeno, incluída a recuperação de ativos; e *c)* promover a integridade, a obrigação de render contas e a devida gestão dos assuntos e dos bens públicos.

Sendo a corrupção essencial ao funcionamento das organizações criminosas, bem como da lavagem de dinheiro, a citada Convenção, no seu art. 14, relaciona medidas para prevenir a lavagem de dinheiro.

Entre estas medidas, destaca-se a que determina que cada Estado estabelecerá um amplo regimento interno de regulamentação e supervisão dos bancos e das instituições financeiras não bancárias, incluídas as pessoas físicas ou jurídicas que prestem serviços oficiais ou oficiosos de transferência de dinheiro ou valores, ou mesmo outros órgãos que sejam particularmente suspeitos de utilização para a lavagem de dinheiro.

Esse regimento também deverá se apoiar fortemente nos requisitos relativos à identificação do cliente (aqui já há uma referência à recomendação do GAFI, da política de *know your client*) e do beneficiário final, ao estabelecimento de registros e à denúncia das transações suspeitas.

Outra medida a ser adotada (art. 14, § 1º, alínea "*b*") pelos Estados é a garantia de que as autoridades de administração, regulamentação e cumprimento da lei, além das encarregadas de combater a lavagem de dinheiro, inclusive autoridades judiciais, sejam capazes de cooperar e intercambiar informações nos âmbitos nacional e internacional.

Para tanto, considerar-se-á a possibilidade de estabelecer um departamento de inteligência financeira — mais uma remissão às unidades de inteligência financeira, cuja criação já estava prevista nas recomendações do GAFI — a servir de centro nacional de recompilação, análise e difusão de informação sobre possíveis atividades de lavagem de dinheiro.

No § 2º do mesmo artigo, fica estabelecido que os Estados hão de considerar a possibilidade de aplicar medidas viáveis para detectar e vigiar o movimento transfronteiriço de efetivos e de títulos negociáveis pertinentes, podendo exigir inclusive a comunicação desse movimento feito por entidades comerciais e particulares, quando se tratar de quantias elevadas. Todavia, foi recomendado cuidado para não restringir de modo algum a circulação de capitais lícitos.

No § 3º do referido artigo, assevera-se que se deve considerar a possibilidade de aplicar medidas para exigir das instituições financeiras, incluídas as que remetem dinheiro, a inclusão de informação exata e válida sobre o remetente nos formulários de transferência eletrônica de fundos e mensagens conexas, mantendo essa informação durante todo o ciclo de operação, com um exame minucioso das transferências de fundos que não contenham informação completa sobre o remetente.

No § 4º, recomenda-se a utilização, como guia, das iniciativas pertinentes das organizações regionais, inter-regionais e multilaterais de luta contra a lavagem de dinheiro.

Nos demais artigos, a supracitada Convenção esforça-se em traçar linhas gerais que possam padronizar as principais formas de corrupção, entre elas, o suborno de funcionários públicos nacionais, estrangeiros e de organizações internacionais, malversação ou peculato, apropriação indébita ou outras formas de desvio de bens por um funcionário público, tráfico de influência, abuso de funções, enriquecimento ilícito, suborno no setor privado, malversação ou peculato de bens no setor privado, entre outros delitos a serem tipificados e combatidos, além do próprio delito de lavagem de dinheiro. Esse último, com sugestão para sua tipificação no art. 23 da Convenção.

O referido artigo, em seu § 1º, afirma que deverão ser adotadas medidas legislativas e de outras índoles que sejam necessárias para qualificar como delito a lavagem de dinheiro.

Logo, descreve diversas condutas a serem consideradas típicas, como:

> a) a conversão ou a transferência de bens, quando se sabe que esses bens são de procedência delituosa ou encerram o objetivo de ocultar ou dissimular a sua origem ilícita;
>
> b) ajudar a qualquer pessoa envolvida na prática do delito com o objetivo de afastar as consequências jurídicas de seus atos, ou seja, afastar a origem delituosa daquele que cometeu o crime antecedente. Destaca-se, nesse ponto, preocupação não só com o que pratica o crime antecedente, mas com aquele que, de alguma forma, o auxilia no processo de lavagem desses ativos;
>
> c) ocultação ou dissimulação da verdadeira natureza, origem, situação, disposição, movimentação, ou da propriedade de bens e do legítimo direito a estes, sabendo-se que tais bens são produtos de delito.

Estas duas últimas recomendações muito se parecem com a tipificação da lavagem de dinheiro presentes nas normas do GAFI, nas quais se balizou a Lei n. 9.613/1998, que combate a lavagem de dinheiro do Brasil.

A Convenção busca incriminar, também, a aquisição, possessão ou utilização de bens, sabendo-se, no momento de sua receptação, que se tratam de produto de delito.

Neste ponto, uma observação interessante há que ser feita. A referida Convenção parece querer a substituição do crime de receptação pelo de lavagem de dinheiro, na medida em que a conduta transcrita muito mais se assemelha com o crime de receptação, já tipificado no nosso Código Penal.

A essa conclusão chegamos pelo fato de não se fazer qualquer ressalva à aplicação destas disposições (como, por exemplo, a aplicação somente aos crimes mais gravosos e vantajosos economicamente), mas apenas se recomendar que seja aplicada a mais vasta gama de delitos antecedentes (art. 23, § 2º, alínea "*a*"), além dos já elencados nessa Convenção, representando estes últimos um arcabouço mínimo.

Na responsabilização, deverão estar sujeitas as pessoas que participem na prática de quaisquer dos delitos qualificados no art. 23, assim como a associação e a confabulação para cometê-los, a tentativa, ajuda, incitação, facilitação e o assessoramento com esse objetivo.

O art. 25 trata da obstrução da Justiça, recomendando que sejam definidas como crime diversas condutas que tenham como objetivo principal obstaculizar a persecução penal do Estado, especialmente na fase de produção de provas e no desempenho do funcionário público[85].

Além destes dispositivos de maior relevância ao nosso trabalho, a presente Convenção tratou de vários outros temas importantes: a responsabilização das pessoas jurídicas (art. 26); diversas medidas processuais (arts. 29 e seguintes); proteção das testemunhas, peritos e vítimas (art. 32); e cooperação entre as autoridades, organismos nacionais (arts. 37 e 38) e a cooperação internacional (arts. 43 e seguintes).

---

(85) "Cada Estado-Parte adotará as medidas legislativas e de outras índoles que sejam necessárias para qualificar como delito, quando cometidos intencionalmente: a) O uso da força física, ameaças ou intimidação, ou a promessa, o oferecimento ou a concessão de um benefício indevido para induzir uma pessoa a prestar falso testemunho ou a atrapalhar a prestação de testemunho ou a apartação de provas em processos relacionados com a prática dos delitos qualificados de acordo com essa Convenção; b) O uso da força física, ameaças ou intimidação para atrapalhar o cumprimento das funções oficiais de um funcionário da justiça ou dos serviços encarregados de fazer cumprir-se a lei em relação com a prática dos delitos qualificados de acordo com a presente Convenção. Nada do previsto no presente artigo menosprezará a legislação interna dos Estados-Partes que disponham de legislação que proteja a outras categorias de funcionários públicos" (art. 25).
BRASIL. Decreto n. 5.687, de 31 de janeiro de 2006. Promulga a Convenção das Nações Unidas contra a Corrupção. Presidência da República. Disponível em: <http://www.planalto.gov.br/ccivil_03/_Ato2004-2006/2006/Decreto/D5687.htm>. Acesso em: 13.7.2016.

1.3.5. As recomendações de criminalização da lavagem de dinheiro

Ao longo deste capítulo, pudemos perceber que a lavagem de dinheiro evoluiu ao ponto de adquirir, nos dias atuais, proporções transnacionais. Esse caráter transnacional passou a causar uma grande preocupação à comunidade internacional, a qual se viu obrigada a adotar ações não só enérgicas, mas, acima de tudo, sinérgicas.

A partir da necessidade de uma maior cooperação entre os Estados, vários esforços foram surgindo com a finalidade de combater a lavagem de dinheiro. Algumas dessas medidas foram tratadas neste capítulo. Por meio da análise das principais convenções internacionais acerca do tema, pudemos identificar uma recomendação em comum: a de criminalizar, no direito interno de cada país, o crime de lavagem de dinheiro.

A Convenção de Viena de 1988, que como já dito, foi a precursora dos esforços no sentido da criminalização da lavagem de dinheiro, estabeleceu em seu art. 3º que os Estados deverão considerar como delito penal:

> [...] a conversão ou a transferência de bens, com conhecimento de que tais bens são procedentes de algum ou alguns dos delitos estabelecidos no inciso a) deste parágrafo, ou da prática do delito ou delitos em questão, com o objetivo de ocultar ou encobrir a origem ilícita dos bens, ou de ajudar a qualquer pessoa que participe na prática do delito ou delitos em questão, para fugir das consequências jurídicas de seus atos.[86]

Apesar de tratar especificamente da criminalização da lavagem de dinheiro proveniente dos ativos gerados no narcotráfico, não podemos negar a importância de tal recomendação, seja por ter sido a precursora, seja pelo fato de ser o narcotráfico, como dito anteriormente, a principal fonte dos recursos submetidos ao processo de lavagem de dinheiro.

Em 1998, dez anos depois, surgiu o GAFI, que logo na sua primeira recomendação já estabelece a necessidade de criminalização da lavagem de dinheiro nos moldes da Convenção das Nações Unidas contra o Tráfico Ilícito de Estupefacientes e de Substâncias Psicotrópicas, reforçando a necessidade de internalização do delito de lavagem de dinheiro no ordenamento jurídico de cada país. Essa recomendação também atesta a importância da Convenção de Viena de 1988, em relação ao combate à lavagem de dinheiro.

---

[86] BRASIL. Decreto n. 154, de 26 de junho de 1991. Promulga a Convenção Contra o Tráfico Ilícito de Entorpecentes e Substâncias Psicotrópicas. Presidência da República. Disponível em: <http://www.planalto.gov.br/ccivil_03/decreto/1990-1994/D0154.htm>. Acesso em: 13.7.2016.

Em 2000, tivemos a Convenção das Nações Unidas contra a Delinquência Organizada Transnacional, que estabeleceu, em seu art. 6º, que cada Estado-Parte adotaria, em conformidade com os princípios fundamentais do seu direito interno, as medidas legislativas ou outras que porventura fossem necessárias para caracterizar como infração penal a lavagem do produto do crime.

O grande mérito da Convenção de Palermo foi, primeiramente, haver concedido um maior destaque ao fenômeno da lavagem de dinheiro e sua relação com o crime organizado transnacional. A convenção também forneceu um maior detalhamento de como deveria ser tipificado o delito de lavagem de dinheiro, além de haver recomendado a ampliação do rol de crimes antecedentes.

Por fim, em 2003, tivemos a Convenção das Nações Unidas contra a Corrupção, a qual, em seu art. 23, recomendou a criminalização da lavagem dos produtos dos crimes provenientes da corrupção. A referida Convenção ainda preleciona no art. 23, alínea *a*, que deverão ser tipificados por cada Estado-Parte:

> i) A conversão ou a transferência de bens, sabendo-se que esses bens são produtos de delito, com propósito de ocultar ou dissimular a origem ilícita dos bens e ajudar a qualquer pessoa envolvida na prática do delito com o objetivo de afastar as consequências jurídicas de seus atos;
>
> ii) A ocultação ou dissimulação da verdadeira natureza, origem, situação, disposição, movimentação ou propriedade de bens e do legítimo direito a estes, sabendo-se que tais bens são produtos de delito.

Podemos vislumbrar, pelo que aqui foi exposto, a crescente preocupação da comunidade internacional com o delito de lavagem de dinheiro. Houve também o reconhecimento da relação sinérgica entre o crime de lavagem e os delitos de tráfico ilícito de entorpecentes, criminalidade organizada e corrupção.

Foi com fundamento em tal preocupação que muitas legislações foram elaboradas, buscando sempre como base o prelecionado nessas recomendações. Logo, não há dúvida que as legislações dos mais diversos países, inclusive a brasileira, foram diretamente influenciadas pela necessidade de tipificação do delito de lavagem de dinheiro.

No Brasil, o combate à lavagem dinheiro nasceu com a Lei n. 9.613, de 1998.

II — A Tipificação no Brasil da Lavagem de Dinheiro e da Receptação

Neste capítulo, faremos uma análise detalhada dos tipos penais de lavagem de dinheiro e receptação, elencando e analisando os seus elementos com base na doutrina e na jurisprudência brasileira.

Com os dados e conclusões desta análise, passaremos a comparar os elementos desses dois tipos penais, procurando apresentar suas semelhanças e diferenças, elementos essenciais para a conclusão da nossa obra, que pretende definir justamente os limites entre ambos.

Ao final do capítulo, analisaremos a Lei n. 12.683/2012 que modificou a Lei n. 9.613/1998. Tentaremos apontar as modificações relevantes no tipo penal de Lavagem de Dinheiro e suas repercussões no ordenamento jurídico brasileiro.

2.1. A Lei n. 9.613/98: Lei de lavagem de dinheiro

2.1.1. A exposição de motivos da Lei n. 9.613/98

É indubitável que a análise da Exposição de Motivos da Lei n. 9.613/1998 é de grande importância. Todavia, longe de pretendermos fazer uma análise exaustiva e detalhada, faremos algumas considerações sobre os dispositivos dessa Exposição de Motivos que consideramos os mais relevantes para a nossa obra, com especial enfoque àqueles que mencionam também o delito de receptação.

A exposição de motivos, no seu início, mostra explicitamente como foram determinantes os esforços internacionais na luta contra a lavagem de dinheiro. Faz menção a várias convenções internacionais, com especial destaque à Convenção de Viena de 1988, afirmando que o Brasil, com a sua ratificação, assumiu compromisso de tipificar penalmente o ilícito praticado com bens, direitos ou valores oriundos do narcotráfico, perante a sociedade internacional[87].

A exposição também traz uma explicação interessante do ponto de vista cronológico[88]. Assevera que as primeiras legislações a tipificar a lavagem de dinheiro foram elaboradas na esteira da Convenção de Viena. Por isso, circunscreviam o ilícito penal da lavagem a bens, direitos e valores decorrentes do tráfico ilícito de substâncias entorpecentes ou drogas afins.

Por consequência, nessas legislações de "primeira geração", na órbita da "receptação" ficaram as condutas relativas a bens, direitos e valores originários de todos os demais ilícitos. Esse raciocínio foi empregado pelo fato de os traficantes serem os principais e primeiros delinquentes transnacionais. Da mesma forma, os vultosos ganhos decorrentes de tal atividade não poderiam ser considerados objeto da receptação convencional.

Na legislação de "segunda geração", foram ampliadas as hipóteses dos crimes antecedentes e conexos. São exemplos desta segunda etapa evolutiva as

---

(87) "2. O Brasil ratificou, pelo Decreto n. 154, de 26 de junho de 1991, a 'Convenção contra o Tráfico Ilícito de Entorpecentes e de Substâncias Psicotrópicas', que havia sido aprovada em Viena em 20 de dezembro de 1988.
[...]
4. Desta forma, em 1988, o Brasil assumiu, nos termos da Convenção, compromisso de direito internacional, ratificado em 1991, de tipificar penalmente o ilícito praticado com bens, direitos ou valores oriundos do narcotráfico.
[...]
8. Portanto, o presente projeto se constitui na execução nacional de compromissos internacionais assumidos pelo Brasil, a começar pela Convenção de Viena de 1988."
BRASIL. Exposição de Motivos da Lei n. 9.613, de 1998. Disponível em: <https://www.coaf.fazenda.gov.br/menu/legislacao-e-normas/legislacao-1/Exposicao%20de%20Motivos%20Lei%209613.pdf/view>. Acesso em: 13.7.2016.

(88) "15. As primeiras legislações a esse respeito, elaboradas na esteira da Convenção de Viena, circunscreviam o ilícito penal da 'lavagem de dinheiro' a bens, direitos e valores à conexão com o tráfico ilícito de substâncias entorpecentes ou drogas afins. Gravitavam, assim, na órbita da 'receptação' as condutas relativas a bens, direitos e valores originários de todos os demais ilícitos que não foram as espécies típicas ligadas ao narcotráfico. Essa orientação era compreensível, visto que os traficantes eram os navegadores pioneiros nessas marés da delinquência transnacional e os frutos de suas conquistas não poderiam ser considerados como objeto da receptação convencional.
16. Adveio, então, uma legislação de segunda geração para ampliar as hipóteses dos ilícitos antecedentes e conexos, de que são exemplos as vigentes na Alemanha, na Espanha e em Portugal.
17. Outros sistemas, como o da Bélgica, França, Itália, México, Suíça e Estados Unidos da América do Norte, optaram por conectar a 'lavagem de dinheiro' a todo e qualquer ilícito precedente. A doutrina internacional considera a legislação desses países como de terceira geração." BRASIL. Exposição de Motivos da Lei n. 9.613, de 1998. Disponível em: <https://www.coaf.fazenda.gov.br/menu/legislacao-e-normas/legislacao-1/Exposicao%20de%20Motivos%20Lei%209613.pdf/view >. Acesso em: 13.7.2016.

legislações vigentes na Alemanha, na Espanha e em Portugal. Os delitos antecedentes eram determinados numa lista exaustiva, taxativa, ou por atribuição à determinada categoria de crimes (crimes graves), a exemplo do ocorrido na Espanha.

Por fim, nas chamadas legislações de "terceira geração", a lavagem de dinheiro é praticável a partir de todo e qualquer ilícito antecedente. São exemplos as legislações da Bélgica, França, Itália, México, Suíça e Estados Unidos.

O Brasil filiou-se, inicialmente, à legislação de "segunda geração" que, como veremos, atribuiu um rol taxativo de crimes que podem anteceder o delito de lavagem de dinheiro. A legislação brasileira "[...] reserva o novo tipo penal a condutas relativas a bens, direitos ou valores oriundos, direta ou indiretamente, de crimes graves e com características transnacionais"[89].

A exposição de motivos também apresentou as razões de não ser recomendada a adoção da legislação de terceira geração. O objetivo da lei é manter sob a égide do delito de receptação a grande variedade de ilícitos parasitários de crimes contra o patrimônio, ou seja, crimes de menor potencial ofensivo. Se não fosse assim, seria demasiadamente ampla a criminalização da lavagem de dinheiro, que passaria a abranger uma infinidade de crimes antecedentes, inclusive o furto de pequeno valor[90].

Dito de outra forma, no ordenamento jurídico brasileiro, sem o rol de crimes antecedentes, haveria uma massificação da lavagem de dinheiro e, ao menos em tese, a derrogação do delito de receptação. Esse outro delito seria inútil, na medida em que a lavagem de dinheiro cuidaria de abranger todos os delitos antecedentes, punindo não só o lavador, mas quem pratica o crime antecedente e participa do processo de lavagem, como mais adiante veremos quando tratarmos do sujeito ativo destes dois delitos. Assim, o delito de receptação ficaria completamente esvaziado.

---

(89) BRASIL. Exposição de Motivos da Lei n. 9.613, de 1998. Disponível em: <https://www.coaf.fazenda.gov.br/menu/legislacao-e-normas/legislacao-1/Exposicao%20de%20Motivos%20Lei%209613.pdf/view>. Acesso em: 13.7.2016.

(90) "23. O projeto, desta forma, mantém sob a égide do art. 180 do Código Penal, que define o crime de receptação, as condutas que tenham por objeto a aquisição, o recebimento ou a ocultação, em proveito próprio ou alheio, de 'coisa que sabe ser produto de crime, ou influir para que terceiro, de boa-fé, a adquira, receba ou oculte'. Fica, portanto, sob o comando desse dispositivo a grande variedade de ilícitos parasitários de crimes contra o patrimônio.

24. Sem esse critério de interpretação, o projeto estaria massificando a criminalização para abranger uma infinidade de crimes como antecedentes do tipo de lavagem ou de ocultação. Assim, o autor do furto de pequeno valor estaria realizando um dos tipos previstos no projeto se ocultasse o valor ou o convertesse em outro bem, como a compra de um relógio, por exemplo."

BRASIL. Exposição de Motivos da Lei n. 9.613, de 1998. Disponível em: <https://www.coaf.fazenda.gov.br/menu/legislacao-e-normas/legislacao-1/Exposicao%20de%20Motivos%20Lei%209613.pdf/view>. Acesso em: 13.7.2016.

Mais adiante, o documento em exame assevera que a lavagem de dinheiro será punida, ainda que desconhecido ou isento de pena o autor do crime básico (art. 2º, § 1º), regra que repete a previsão já conhecida do crime de receptação, a qual dispõe a punição mesmo quando ignorada a autoria ou isento de sanção penal o responsável pelo crime de que proveio a coisa (art. 180, § 2º).

Isso decorre do fato de que tanto a receptação quanto a lavagem são delitos autônomos, que visam o aproveitamento de um delito anterior, cuja reação penal deve independer do resultado do outro processo[91]. Procuraremos demonstrar outras semelhanças mais adiante.

Tais considerações são as mais relevantes para nossa obra. A seguir, os dois tipos penais — lavagem de dinheiro e receptação — serão analisados, e, seus elementos serão detalhados para posterior confronto. Comentaremos também a Lei n. 12.683/2012, que transformou a atual legislação de lavagem de dinheiro em legislação de "terceira geração". Os impactos dessa mudança no ordenamento jurídico brasileiro serão também confrontados.

2.1.2. Objeto material

Por objeto material, entende-se a coisa, pessoa ou objeto corpóreo, sobre o qual recairá a sanção penal de um delito. O objeto material é apontado no próprio tipo penal, direta ou indiretamente, sem, contudo, se confundir com o bem jurídico tutelado.

Os instrumentos internacionais que influenciaram as diversas legislações nacionais, especialmente aqueles elaborados após a Convenção de Viena de 1988, procuraram sempre dar uma amplitude maior ao objeto material do crime de lavagem de dinheiro. A Convenção apontou o objeto material do delito em questão como sendo "[...] os ativos de qualquer tipo, corpóreos ou incorpóreos, móveis ou imóveis, tangíveis ou intangíveis, e os documentos ou instrumentos legais que confirmam a propriedade ou outros direitos sobre os ativos em questão" (art. 1º, alínea "c")[92].

---

(91) "62. As modalidades de lavagem de dinheiro ou ocultação descritas no projeto serão punidas, ainda que desconhecido ou isento de pena o autor do crime básico (art. 2º, § 1º). A regra está em harmonia com o sistema do Código Penal, especificamente quanto à punibilidade da receptação, mesmo quando ignorada a autoria ou isento de sanção penal o responsável pelo crime de que proveio a coisa (art. 180, § 2º). Tanto a receptação como a lavagem e a ocultação caracterizam modalidades autônomas de aproveitamento de um delito anterior, cuja reação penal deve ser, por isso mesmo, independente do resultado do outro processo." BRASIL. Exposição de Motivos da Lei n. 9.613, de 1998. Disponível em: <https://www.coaf.fazenda.gov.br/menu/legislacao-e-normas/legislacao-1/Exposicao%20de%20Motivos%20Lei%209613.pdf/view>. Acesso em: 13.7.2016.

(92) BRASIL. Decreto n. 154, de 26 de junho de 1991. Promulga a Convenção Contra o Tráfico Ilícito de Entorpecentes e Substâncias Psicotrópicas. Presidência da República. Disponível

Logo, enquanto signatário dessa convenção, o Brasil procurou dar a mesma amplitude ao objeto material do crime de lavagem de dinheiro, porém subdividindo o conceito geral de bens dado pelo referido instrumento internacional, tratando separadamente bens, direitos e valores.

Portanto, o objeto material desse crime são os bens, direitos e valores, os quais são produtos dos crimes antecedentes taxativamente elencados no art. 1º dessa Lei, nos seus oito incisos[93].

A expressão bens, todavia, engloba os outros dois objetos: direitos e valores. Mais do que isso, o objeto "bens" é uma síntese do elemento normativo da lavagem de dinheiro. A única exigência é que esses bens sejam produto ou proveito das infrações penais anteriores[94].

O legislador pátrio, seguindo a orientação internacional, ainda completou que estarão sujeitos às penas da lei os bens, direitos ou valores provenientes, direta ou indiretamente, de crime. Ou seja, mesmo os bens que sejam adquiridos indiretamente, por meio das mais diversas operações ou transformações do bem adquirido diretamente, assim como os acréscimos ou ganhos advindos dele, estarão sujeitos às sanções previstas na Lei n. 9.613/98.

Porém, este último aspecto, qual seja, a contaminação infinita dos bens adquiridos indiretamente, é fonte de discordância na doutrina. Márcia Monassi Mougenot Bonfim prefere a solução adotada pela Espanha, na qual no caso de mescla, apenas parte — e não a totalidade do bem, direito ou valor proveniente de crime — será considerada objeto material do crime de lavagem de dinheiro. Já no caso de transformação, a ilicitude desses bens, direitos ou valores será mantida, independentemente da perda ou não da identidade do bem. O mesmo se aplica à substituição do bem. Todavia, o bem substituído manterá a origem ilícita[95].

Essa posição parece correta em se tratando de mescla e transformação dos bens, direitos e valores. Contudo, a solução adotada para a substituição — contaminação dos bens substituídos e substitutos — implica numa contaminação infinita. Por isso, acreditamos que, em caso de substituição, somente o bem substituto deve carregar a mancha da ilicitude.

Quanto aos bens, direitos e valores que venham a gerar novos ganhos, julga-se ser razoável a aplicação análoga da teoria da árvore dos frutos envenenados, consagrada pela doutrina processualista no campo probatório. Ou seja, todos os frutos ou ganhos que venham a ser gerados pelo bem, produto de crime, devem ser considerados parte contaminada dele e, por conseguinte, ilícitos.

---

em: <http://www.planalto.gov.br/ccivil_03/decreto/1990-1994/D0154.htm>. Acesso em: 13.7.2016.
(93) BARROS, Marco Antônio. *Op. cit.*, p. 101.
(94) PITOMBO, Antônio Sergio A. de Moraes. *Op. cit.*, p. 101.
(95) BONFIM, Márcia Monassi Mougenot; BONFIM, Edilson Mougenot. *Op. cit.*, p. 40.

2.1.3. Tipo objetivo

O art. 1º da Lei 9.613/98 assim dispõe:

> Art. 1º Ocultar ou dissimular a natureza, origem, localização, disposição, movimentação ou propriedade de bens, direitos ou valores provenientes, direta ou indiretamente, de infração penal.
>
> Pena: reclusão de três a dez anos e multa.
>
> § 1º Incorre na mesma pena quem, para ocultar ou dissimular a utilização de bens, direitos ou valores provenientes de infração penal:
>
> I — os converte em ativos lícitos;
>
> II — os adquire, recebe, troca, negocia, dá ou recebe em garantia, guarda, tem em depósito, movimenta ou transfere;
>
> III — importa ou exporta bens com valores não correspondentes aos verdadeiros.
>
> § 2º Incorre, ainda, na mesma pena quem:
>
> I — utiliza, na atividade econômica ou financeira, bens, direitos ou valores provenientes de infração penal;
>
> II — participa de grupo, associação ou escritório tendo conhecimento de que sua atividade principal ou secundária é dirigida à prática de crimes previstos nesta Lei.[96]

Nessa normativa há diversas condutas típicas, as quais serão tratadas aqui sucessivamente.

Primeiramente, observa-se no *caput* do art. 1º as condutas de ocultar (esconder, encobrir, silenciar, abafar, sonegar) e dissimular (disfarçar, camuflar, mascarar e fingir). Tais condutas foram inseridas de forma alternativa — ocultar ou dissimular —, configurando um tipo penal alternativo misto. Logo, a prática das duas condutas não enseja concurso de crimes.

Observa-se, também, que estão presentes tanto comportamentos comissivos (esconder, encobrir, camuflar) quanto omissivos (silenciar, não revelar), especialmente aplicáveis às pessoas que tenham obrigação de revelar ou comunicar as informações relativas a operações suspeitas de lavagem, assim consideradas[97].

---

[96] BRASIL. Lei n. 9.613, de 3 de março de 1998. Dispõe sobre os crimes de "lavagem" ou ocultação de bens, direitos e valores; a prevenção da utilização do sistema financeiro para os ilícitos previstos nesta Lei; cria o Conselho de Controle de Atividades Financeiras — COAF, e dá outras providências. Presidência da República. Disponível em: <http://www.planalto.gov.br/ccivil_03/leis/L9613.htm>. Acesso em: 13.7.2016.

[97] BONFIM, Márcia Monassi Mougenot; BONFIM, Edilson Mougenot. *Op. cit.*, p. 42.

É interessante observar que as condutas "[...] de ocultar ou dissimular, constantes da cabeça do artigo, podem ser compreendidas como sendo aquelas características da primeira fase do processo de reciclagem de ativos [...]"[98].

Ainda, sobre o verbo "ocultar", ele

> pode ser traduzido por "não deixar ver", e deve ser compreendido como não deixar ver a origem criminosa do bem, direito ou valor que será reintroduzido no sistema econômico legal, como se lícito fosse, por meio da dissimulação. Assim, qualquer procedimento que objetive esconder a origem criminosa deve ser entendido como típico, se houver prova de que este procedimento é parte integrante do processo de lavagem.[99]

A segunda conduta típica, dissimular, pode ser entendida como encobrir com astúcia, fingir, simular, tornar pouco sensível ou notável. Pode ser conceituada como o meio pelo qual se dá ao bem, direito ou valor a aparência de legalidade, que lhe permite ser reintegrado ao sistema financeiro. Essa seria a segunda fase do processo de lavagem.

Assim, o ato de dissimular "[...] deve ser compreendido como esconder, por meio de um ardil, a origem criminosa. Tal conduta tem um *plus* em relação à mera ocultação: por meio do ardil, o objeto da lavagem possui uma aparência de legalidade, daí por que pode ser considerado 'lavado'"[100].

Proíbe-se, nessa primeira parte, que se oculte ou dissimule a natureza (qualidade, espécie ou atributo), a origem (procedência, também no sentido de lugar, pessoa, fonte ou operação), a localização (posição física ou lugar onde se encontram), a disposição (colocação ou arranjo), a movimentação (circulação ou deslocamento da riqueza) e a propriedade (titularidade, qualidade de dono) de bens, direitos ou valores provenientes, direta ou indiretamente, dos crimes antecedentes previstos.

Cumpre observar que "[...] o legislador foi redundante ao enumerar bens e em seguida, direitos e valores. Bastaria, que indicasse o primeiro que os demais estariam subentendidos, já que "direitos e valores" são na acepção civilística bens propriamente ditos"[101].

Todavia é importante ressaltar que não se trata de qualquer ocultação, mas "[...] a indicação de elementos objetivos e subjetivos que demonstrem a

---

(98) MACEDO, Carlos Márcio Rissi. *Op. cit.*, p. 73.
(99) VILARDI, Celso Sanchez. O crime de lavagem de dinheiro e o início de sua execução. *Revista Brasileira de Ciências Criminais*, São Paulo, n. 25, p. 11-30, mar./abr. 2004
(100) *Ibidem*, p. 18.
(101) MACEDO, Carlos Márcio Rissi. *Op. cit.*, p. 72.

relação desta com um ato posterior de reciclagem, de inserção do produto do crime na economia"[102].

No § 1º do mesmo artigo, há uma conduta mais sofisticada de lavagem, pois visa à reciclagem do produto do delito antecedente, fazendo com que ele circule com maior engenhosidade na economia formal, apagando os rastros de sua origem espúria[103].

Para a aplicação desse dispositivo, em atenção à criminalização dos bens, direitos e valores adquiridos indiretamente, o mesmo tipo objetivo do *caput* (ocultar ou dissimular a utilização de bens, direitos ou valores provenientes de qualquer infração penal) tem de ser praticado, de forma a incorrer na mesma pena aquele que:

> a) os converte (muda, transforma ou transmuta uma coisa em outra) em ativos lícitos, com a ressalva de que essa mudança é apenas aparente, visto que a origem delituosa é inata;
>
> b) os adquire (de forma onerosa ou gratuita), recebe (recebe, aceita, acolhe também de forma onerosa ou gratuita), troca (permuta), negocia (comercializa, trata, celebra ou ajusta), dá ou recebe em garantia (dá ou recebe mediante fiança, aval, seguro, cobertura, proteção), guarda (cuida, vigia, protege), tem em depósito (estoque), movimenta (circula ou desloca, modernamente, sem a necessidade um deslocamento físico de capital) ou transfere (dá, cede, transmite também a título oneroso ou gratuito), com a ressalva de que no caso do bem imóvel, só se perfaz com o registro imobiliário da respectiva escritura;
>
> c) importa (faz vir ou encomenda de outro país) ou exporta (manda para outro país) bens com valores não correspondentes aos verdadeiros.

Podemos afirmar que tais condutas correspondem à fase da integração, ou seja, "[...] se referem ao momento final do processo, quando o agente necessita utilizar o produto da lavagem, ou seja, quando precisa reintegrá-lo ao sistema econômico"[104].

Pode-se observar ainda que dessa disposição "[...] percebe-se claramente a *mens legislatoris* no sentido de incriminar a conduta dos coautores e dos

---

(102) BOTTINI, Pierpaolo Cruz. A lavagem de dinheiro proveniente de corrupção: o debate no STF. In: CAGGIANO, Monica Herman; LEMBO, Claudio Salvador; ALMEIDA NETO, Manoel Carlos. *Juiz constitucional:* estado e poder no século XXI. São Paulo: Revista dos Tribunais, 2015. p. 492.
(103) DELMANTO, Roberto; DELMANTO JUNIOR, Roberto; DELMANTO, Fábio M. de Almeida. *Leis penais especiais comentadas*. Rio de Janeiro: Renovar, 2006. p. 560.
(104) VILARDI, Celso Sanchez. *Op. cit.*, p. 19.

partícipes, que não tenham efetivamente participado dos crimes antecedentes, mas de alguma forma atuaram no processo de reciclagem"[105].

Pelo § 2º, incorre, ainda, na mesma pena aquele que utiliza, na atividade econômica ou financeira, bens, direitos ou valores que sabe serem provenientes de qualquer infração penal. O tipo incrimina aquele que não pretenda ocultar ou dissimular a origem dos bens, direitos ou valores, porém os utiliza consciente de sua origem ilícita.

Aqui, o verbo utilizar "deve ser compreendido como fazer uso do objeto da lavagem, depois que este assumiu a aparência de legalidade"[106].

Da mesma forma, o dispositivo (§ 2º, inciso II) ainda incrimina aquele que participa, ou seja, que faça parte ou apenas contribua, com grupo, associação ou escritório, tendo conhecimento de que esta conduta é dirigida à prática da lavagem de dinheiro. Essa regra foi inserida como instrumento de combate ao crime organizado, atingindo até mesmo aqueles que dele façam parte, mas não pratiquem diretamente qualquer atividade relacionada ao processo de lavagem de dinheiro em si, bem como atinge aquele que não participa diretamente da prática da infração penal antecedente, mas apenas do processo de lavagem de dinheiro.

2.1.4. Tipo subjetivo

No delito de que trata o *caput* do artigo, admite-se o dolo direto (vontade livre e consciente de ocultar ou dissimular a natureza, origem, localização, disposição, movimentação ou propriedade de bens, direitos ou valores provenientes, direta ou indiretamente, de infração penal) e o dolo eventual (o agente apesar de não saber da procedência criminosa dos bens, admite essa possibilidade e mesmo assim pratica os elementos do tipo objetivo)[107].

Percebe-se que esse tipo penal não exige que o agente saiba ou tenha conhecimento da origem criminosa dos bens direitos e valores. Basta que, nas condições em que o delito praticado, fosse razoável que o agente desconfiasse da origem delituosa do bem. Basta inferir se o homem médio deveria agir de forma diversa.

No § 1º do mesmo artigo, há previsão do dolo direto, representado pela vontade livre e consciente de converter bens direitos ou valores de origem delituosa em ativos lícitos; adquirir, receber, trocar, negociar, dar ou receber em garantia, guardar, ter em depósito, movimentar ou transferir; e importar ou exportar bens com valores não correspondentes aos verdadeiros, com a

---

(105) MACEDO, Carlos Márcio Rissi. *Op. cit.*, p. 74.
(106) VILARDI, Celso Sanchez. *Op. cit.*, p. 21.
(107) BONFIM, Márcia Monassi Mougenot; BONFIM, Edilson Mougenot. *Op. cit.*, p. 44.

finalidade de ocultar ou dissimular a utilização de bens, direitos ou valores provenientes de quaisquer dos crimes antecedentes referidos nesse artigo — elemento subjetivo especial.

Já o delito do § 2º, também admite apenas o dolo direto (vontade livre e consciente de utilizar, na atividade econômica ou financeira, bens, direitos ou valores que sabe serem provenientes de qualquer infração penal, ou ainda de participar de grupo, associação ou escritório, tendo conhecimento de que sua atividade principal ou secundária é dirigida à prática de delitos), tendo em vista que o tipo exige que o agente saiba que os bens, direitos e/ou valores sejam provenientes de infração penal ou que tenha conhecimento de que a atividade principal ou secundária de grupo, associação ou escritório que participe, é dirigida à prática de crimes previstos nessa lei.

A Lei n. 9.613/1998 contém apenas tipos dolosos. Não existe descrição da modalidade culposa, conforme orientação dada pela Convenção de Viena de 1988. A prática da lavagem de dinheiro exige, portanto, que o sujeito ativo saiba da origem ilícita dos bens, conhecendo do delito prévio, e queira realizar as condutas (ocultar ou dissimular a origem ilícita) elencadas no tipo penal[108].

Não parece correto o posicionamento de que no art. 1º, § 2º, inc. II, a previsibilidade subjetiva da conduta se amolda especialmente ao dolo eventual[109]. Isto porque o tipo penal aduz que o sujeito ativo deve participar de grupo, associação ou escritório, tendo conhecimento de que sua atividade principal ou secundária é dirigida à prática de crimes previstos na lei em exame. Ou seja, o sujeito ativo deve "ter conhecimento". Se o mesmo tem conhecimento, é dolo direto. Se não tem conhecimento, não há culpa.

2.1.5. Bem jurídico protegido

Assunto polêmico, que gera grandes divergências doutrinárias que estão longe de ser pacificadas, é a delimitação do bem jurídico protegido pelo crime de lavagem de dinheiro. Existem três correntes principais.

A primeira corrente afirma que o bem jurídico protegido nos crimes de lavagem de dinheiro é o mesmo da infração penal que o antecede, apenas prolongando e agravando a lesão já perpetrada. Justifica-se este posicionamento na medida em que "[...] há uma lesão imediata que é, como na receptação, aos bens atingidos pelos crimes antecedentes [...]"[110].

---

(108) PITOMBO, Antônio Sergio A. de Moraes. *Op. cit.*, p. 135-136.
(109) MACEDO, Carlos Márcio Rissi. *Op. cit.*, p. 79.
(110) MACEDO, Carlos Márcio Rissi. *Op. cit.*, p. 63.

A segunda corrente afirma exatamente o oposto: o bem jurídico tutelado é diverso do protegido pelo delito antecedente. Porém, nessa corrente, são encontradas divergências acerca de quais seriam estes bens jurídicos protegidos: a administração da Justiça ou a ordem socioeconômica.

Por fim, temos a terceira corrente, mista, que defende que vários são os bens jurídicos tutelados pelo delito de lavagem de dinheiro, o qual se caracterizaria como um crime pluriofensivo, podendo, inclusive, ter um dos bens como principal e outro como secundário ou subsidiário.

Essa última corrente é defendida por Márcia Monassi Mougenot Bonfim, a qual entende que "[...] os crimes de lavagem de dinheiro como delitos pluriofensivos, tutelando, a um só tempo, os sistemas econômico e financeiro do País e a Administração da Justiça"[111].

A corrente da pluriofensividade ainda encontra respaldo naqueles que veem outros bens além da administração da Justiça e da ordem socioeconômica. Defendem que "Dependendo da ótica sob a qual se analisa o crime de lavagem de dinheiro pode ter como bem jurídico tutelado a administração da justiça, a ordem econômica e até mesmo a concorrência desleal no âmbito do mercado financeiro"[112].

Feitas as considerações introdutórias acerca das correntes doutrinárias preponderantes, resta passar a uma análise a fim de esclarecer o que seria a administração da Justiça, bem como a ordem socioeconômica, para termos uma melhor compreensão da segunda e terceira correntes.

Os doutrinadores que consideram a administração da Justiça como bem jurídico protegido pelo delito de lavagem de dinheiro, entre eles Márcia Bonfim e Rodolfo Tigre Maia, fazem especial menção à proximidade deste tipo penal com o favorecimento real, crime contra a administração da Justiça, que consiste na ocultação de um ilícito já cometido, evitando a punição do autor do delito.

Tal posição se justifica na medida em que os comportamentos incriminados nessa lei prejudicam o interesse estatal em identificar a proveniência de bens e os sujeitos ativos de ilícitos que os geram, em desestimular a sua prática, em reprimir a fruição dos seus produtos e em efetivar a punição dos seus autores[113].

---

(111) BONFIM, Márcia Monassi Mougenot; BONFIM, Edilson Mougenot. *Op. cit.*, p. 30.
(112) MINAGÉ, Thiago M.; SEIXAS, Thaysa Matos; ANDRADE, Josevando de Souza. A criminalização do Exercício da advocacia nos crimes de lavagem de capitais. In: SPINEIRA, Bruno; CRUZ, Rogério Schietti; REIS JÚNIOR, Sebastião. *Crimes federais*. Belo Horizonte: D'Plácido, 2016. p. 15.
(113) MAIA, Carlos Rodolfo Fonseca Tigre. *Op. cit.*, p. 57.

Com relação a esse bem, especificamente, é importante ressaltar que:

> [...] parte da doutrina, como na Suíça, entende que o bem jurídico tutelado é a administração da justiça, na medida em que visa suplementar a eficiência na apuração e punição das infrações penais que, reconhecidamente pelo legislador, abalam sobremaneira a ordem pública e não conseguem encontrar, por si só, a resposta adequada da própria administração de justiça com vistas à defesa da sociedade.[114]

Esta corrente — defensora de que o único bem protegido pela lavagem de dinheiro é a administração da Justiça — é defendida por Roberto Delmanto que, em sua análise, desconsidera o bem jurídico dos delitos antecedentes. O autor não aponta a ordem socioeconômica como bem jurídico protegido da lavagem de dinheiro[115].

Tal ponto de vista considera que a lavagem de dinheiro agride diretamente a administração da Justiça no combate à criminalidade organizada. Por sua vez, a ordem socioeconômica não seria abalada — não seria plausível e razoável que um único crime de lavagem de dinheiro pudesse afetar a ordem sócio econômica brasileira[116].

A proteção ao segundo bem jurídico, a ordem ou sistema socioeconômico, é compreendida na medida em que a salubridade e o equilíbrio desses sistemas dependem diretamente da transparência e da licitude dos valores que neles circulam. A lavagem de dinheiro quebra essa sustentação, essa estabilidade, pela inserção de ativos de origem delitiva, colocando em risco princípios assegurados constitucionalmente. Essa proteção, vale salientar, transcende o interesse individual de um país e "[...] vai atender a uma preocupação internacional, tendo em vista o caráter transnacional do diploma"[117].

Tal raciocínio também se baseia na regra do livre mercado. Por essa norma, particulares que exercem atividades econômicas concorrem entre si, presumidamente de forma lícita e legítima. As regras do sistema aplicam-se a todos, gerando mútua confiança entre os competidores. Nada obstante, no momento em que se introduz o dinheiro ilícito na economia, é gerado um desequilíbrio, acarretando concorrência desleal, por assim dizer. Ou seja:

---

(114) MENDRONI, Marcelo Batlouni. *Crime de lavagem de dinheiro*. São Paulo: Atlas, 2015. p. 75.
(115) DELMANTO, Roberto; DELMANTO JUNIOR, Roberto; DELMANTO, Fábio M. de Almeida. *Leis penais especiais comentadas...*, cit., p. 551.
(116) FONSECA, Pedro H. C. Do bem jurídico nos crimes de lavagem de dinheiro: uma abordagem dogmática. In: SPINEIRA, Bruno; CRUZ, Rogério Schietti; REIS JÚNIOR, Sebastião. *Crimes federais*. Belo Horizonte: D'Plácido, 2016. p. 532.
(117) BARROS, Marco Antônio. *Op. cit.*, p. 99.

[...] Empresas regulares perdem a concorrência, porque aquelas que utilizam fundos provenientes das ações criminosas conseguem ter capital suficiente para provocar outros delitos, como *dumping, underselling*, formação de cartel com outras nas mesmas situações e condições etc. O quebramento destas empresas gera desemprego, possibilita o domínio de mercado, atacando diretamente as leis naturais da economia, como a livre concorrência e a oferta e procura.[118]

Desta forma, o particular que exerce atividade lícita passará a concorrer com aquele que participa da economia com dinheiro proveniente de crime. De fato, a lavagem de dinheiro quebra a confiança do investidor no livre comércio, retirando a credibilidade na lealdade da concorrência e gerando uma instabilidade em todo o sistema econômico-financeiro.

Partindo-se do pressuposto de que o livre mercado é constitucionalmente assegurado, aquele que ordinariamente acumula bens de origem delituosa goza de uma posição mais vantajosa do que aquele que obtém seus ganhos de forma lícita, paga impostos e demais encargos ao poder público. É indubitavelmente impossível competir com os vultosos ganhos da indústria do crime.

Também podemos ressaltar a diferença de finalidade entre a empresa convencional, cujo objetivo único é investir para crescer economicamente, sempre de acordo com a livre concorrência e mútua confiança, e a empresa do crime, que objetiva a lavagem de dinheiro, sem a preocupação de respeitar a livre concorrência e os preços estabelecidos pelo mercado, nem tampouco as leis econômicas básicas da oferta e da procura. Esse efeito gera concorrência tão predatória, que pode fazer com que os demais negócios peçam falência, fazendo com que se crie monopólio em determinado ramo da atividade econômica, quando totalmente sustentado pelo crime organizado.

Antônio Sérgio A. de Moraes Pitombo[119], Marco Antônio de Barros[120] e Carlos Aránguez Sánchez[121] defendem essa corrente. Consideram que o bem jurídico protegido pelo tipo penal de lavagem de dinheiro é somente a ordem socioeconômica ou a saúde financeira. Não comungam do pensamento de que a administração da Justiça é bem juridicamente tutelado.

---

(118) MENDRONI, Marcelo Batlouni. *Op. cit.*, p. 75-76.
(119) PITOMBO, Antônio Sergio A. de Moraes. *Op. cit.*, p. 94.
(120) BARROS, Marco Antônio. *Op. cit.*, p. 98-99.
(121) "[...] el interés fundamental al que está llamado a tutelar el blanqueo de capitales es la leal competencia en nuestro orden socioeconómico. Además, consideramos preferible senalar un único interés que cumpla la misión de justificar la intervención penal [...]." SÁNCHEZ, Calos Aránguez. *El delito de blanqueo de capitales*. Madrid: Marcial Pons, 2000. p. 101.

Na mesma esteira, André Luiz Callegari afirma que

> [...] a conduta de lavagem de dinheiro tem repercussão em interesses de meta pessoal e por essa razão o bem jurídico protegido é de ordem socioeconômica. O fundamento dessa ideia é que o sistema econômico é na realidade o substrato global de interesses individuais, porém trata-se de um bem jurídico independente e autônomo, portanto de característica coletiva. Atribui-se esse perfil de meta individual ao objetivo de proteção da norma, para impedir o comportamento dos destinos econômicos de toda uma sociedade e assim evitar a erosão do sistema democrático do direito.[122]

Apesar das respeitáveis opiniões em contrário, parece mais razoável acreditar que assiste mais razão a terceira e última corrente, que considera a lavagem de dinheiro um crime pluriofensivo[123]. Apesar de ser considerado um crime parasitário, dependente da ocorrência de um ilícito anterior, seu bem jurídico é totalmente independente daquele tutelado pelo crime antecedente. Se existe uma relação entre o crime antecedente, ela é meramente condicional, porém desvinculada, na medida em que os tipos são distintos.

A administração da Justiça figura — com todo o respeito aos renomados doutrinadores que defendem posição contrária — como bem jurídico principal. Fica a ordem socioeconômica como acessório, pois ela pode permanecer incólume "[...] diante de determinadas operações de reciclagem, em especial nas de menor potencial lesivo"[124][125].

No Brasil, diferentemente do que ocorreu em outros países, a exemplo de Espanha e Itália, o delito de lavagem de dinheiro não foi incluído no Código

---

(122) CALLEGARI, André Luís. *Lavagem de dinheiro*. Barueri: Manole, 2004. p. 143.
(123) No mesmo sentido Marcelo Mendroni ao afirmar que: "Parece-nos correto considerar, então, que ambas situam-se na órbita do bem jurídico tutelado pela lei, tanto a tutela da administração da justiça como também a tutela da ordem socioeconômica." MENDRONI, Marcelo Batlouni. *Op. cit.*, p. 76.
(124) MAIA, Carlos Rodolfo Fonseca Tigre. *Op. cit.*, p. 58.
(125) "[...] Blanco Cordero, cuando analiza la regulación sobre blanqueo recogida en nuestro Código penal, considera que se tutela prioritariamente la Administración de Justicia, y sólo de modo eventual el orden socioeconómico. El citado autor basa su razonamiento en el análisis del art. 301 del CP, según el cual se considera blanqueo la ocultación de cantidades de muy escasa cuantía, lo que demuestra, a su juicio, que el legislador ha querido centrarse en la acción encubridora (atentatoria contra la Administración de Justicia), y ha dejado en un segundo plano la lesión de orden socioeconómico. Además, y en el caso concreto de que se realice cualquier acto tendente a ayudar a los responsables del delito previo a aprovecharse de los bienes que obtuvieron con la realización de tal infracción, también habría que considerar, más allá del atentado a la Administración de Justicia, el mantenimiento de la lesión del bien jurídico previamente menoscabado por el delito previo." SÁNCHEZ, Carlos Aránguez. *Op. cit.*, p. 80.

Penal, o que agravou ainda mais a dificuldade de se delimitar o bem jurídico protegido por este tipo. Mas, pode-se afirmar que, dado o caráter de crime pluriofensivo, o crime atinge outros bens jurídicos, que não aqueles dos crimes antecedentes, passando pela ordem econômico-financeira e, sem dúvida, pela administração da Justiça. A dificuldade criada pela lavagem de dinheiro na apuração e repressão do crime antecedente reporta-se muito mais à administração da Justiça do que ao crime antecedente em si.

2.1.6. Sujeito ativo

Por se tratar de crime comum, a conduta típica pode ser praticada por qualquer pessoa, pois não é exigido que o indivíduo preencha determinados requisitos, condições ou qualidades para ser responsabilizado.

A questão, todavia, torna-se controvertida no momento que se passa a discutir a possibilidade de responsabilizar pela lavagem não só o sujeito que é coautor ou partícipe na lavagem, mas também o indivíduo que pratica o delito antecedente. Ou seja, discute-se a possibilidade de "autolavagem".

Vários autores defendem a impossibilidade da "autolavagem", utilizando-se de argumentos pertinentes, como considerar a lavagem fato posterior não punível ou a aplicação da inexigibilidade de conduta diversa, na medida em que aquele que praticou o delito antecedente não tem outra alternativa senão tentar ocultar ou encobrir o produto deste crime[126].

Embora respeitáveis, tais posições não parecem corretas. O motivo é bastante simples: não há identidade de bens jurídicos protegidos entre os delitos antecedentes — quais sejam a saúde pública, a administração pública, o patrimônio, entre outros — e a lavagem de dinheiro. Esse argumento é suficiente para afastar a posição de que a lavagem de dinheiro é fato posterior não punível.

Quanto à inexigibilidade de conduta diversa, não se pode admitir que a pretexto de encobrir os ganhos ilícitos e, consequentemente, não responder pela infração penal antecedente, dificultando a persecução penal, o sujeito ativo pratique novos delitos e passe a ferir escancaradamente novos bens jurídicos, sem que responda pelas infrações penais subsequentes.

A lavagem de dinheiro trata da realização de ações típicas relevantes, socialmente danosas e com alto grau de sofisticação, além de possuir uma objetividade jurídica e sujeitos passivos diversos dos delitos antecedentes. O caso não é de mero exaurimento com a imediata disposição ou fruição do produto do crime[127].

---

(126) BONFIM, Márcia Monassi Mougenot; BONFIM, Edilson Mougenot. *Op. cit.*, p. 51.
(127) MAIA, Carlos Rodolfo Fonseca Tigre. *Op. cit.*, p. 91-92.

Consequentemente, e tendo em vista a diversidade de bens jurídicos protegidos nos crimes de lavagem e seus antecedentes, os sujeitos ativos do crime de lavagem de dinheiro podem ser não só os partícipes ou coautores de delito, mas também aqueles que praticaram a infração penal antecedente. O Brasil, acolhendo a tendência internacional, admite a autolavagem, diversamente do que ocorre na Alemanha, Itália, Áustria e Suécia[128].

Assim, "na hipótese de o agente que pratica o crime antecedente, também praticar conduta tencionada à lavagem do capital proveniente, praticará também o crime descrito na Lei n. 9.613/98, existindo assim, concurso material de crimes, nos termos do art. 69 do Código Penal"[129].

2.1.7. Infrações penais antecedentes

Como visto anteriormente, para a configuração do crime de lavagem de dinheiro, impõe-se como necessário que a origem dos ativos a serem convertidos provenha de uma conduta delituosa. Esse delito praticado anteriormente, gerador desses ativos, era chamado pela legislação brasileira de "crime antecedente" (Lei n. 9.613/1998, art. 2º, § 1º), que constituía elemento normativo do tipo, vindo a expressão a ser substituída por "infração penal" (Lei n. 12.683/2012).

Após a edição da Lei n. 12.683/2012 "[...] crime antecedente passou a ser considerado qualquer infração penal (crime ou contravenção penal) praticada antes do crime de Lavagem de Dinheiro, não havendo escalonamento sequer de valores monetários"[130].

A necessidade de existir um delito antecedente deriva do próprio conceito de lavagem de dinheiro. Ou seja, o produto a ser lavado é sempre obtido por meio da prática de outros ilícitos[131].

Dessa forma, como a lavagem de dinheiro depende de um delito antecedente — terminologia esta não pacificada, a qual varia na doutrina e pode ainda ser chamada de principal, primário ou anterior — sem tal delito não se configura o crime de lavagem.

A forma acessória ou derivada de que se reveste o crime de lavagem de dinheiro não é absoluta, mas relativa e limitada, uma vez que não se exige que o fato anterior seja culpável, bastando que seja típico e antijurídico. Assim, podemos dizer que se emprega aqui o princípio da acessoriedade limitada,

---

(128) BONFIM, Márcia Monassi Mougenot; BONFIM, Edilson Mougenot. *Op. cit.*, p. 53.
(129) MACEDO, Carlos Márcio Rissi. *Op. cit.*, p. 67.
(130) MINAGÉ, Thiago M.; SEIXAS, Thaysa Matos; ANDRADE, Josevando de Souza. *Op. cit.*, p. 11.
(131) BARROS, Marco Antônio. *Op. cit.*, p. 93.

desenvolvido para se determinar a responsabilidade penal, em hipótese de haver participação. Para se determinar a existência de responsabilidade penal do partícipe, é necessário que o autor tenha cometido um fato típico e antijurídico. Essa regra pode muito bem ser elucidada no texto do art. 2º, § 1º, da Lei n. 9.613/1998, o qual dispõe que serão "[...] puníveis os fatos previstos nesta Lei, ainda que desconhecido ou isento de pena o autor, ou extinta a punibilidade da infração penal antecedente".

Porém, se estiverem presentes causas de exclusão da ilicitude ou houver exclusão da tipicidade da infração penal antecedente, não mais se poderá sancionar as condutas de lavagem de dinheiro, tendo em vista que a própria existência do delito antecedente é pressuposto para a configuração do crime de lavagem de dinheiro.

O mesmo não ocorre quando temos a ocorrência de causas de exclusão da culpabilidade, sejam legais ou supralegais, pois não contaminam o delito posterior ao crime antecedente. Existiu o fato típico, punível, mas por alguma circunstância, não culpável. A impossibilidade de imputar a culpa no delito antecedente nada tem a ver com a possibilidade de configurar-se o crime de lavagem de dinheiro, de modo que o elemento do tipo resta intacto.

Tal possibilidade, inclusive, está também prevista no Código Penal brasileiro, § 2º, do art. 180, que traz a mesma hipótese no crime de receptação, ao afirmar que "a receptação é punível, ainda que desconhecido ou isento de pena o autor do crime de que proveio a coisa".

Seguindo esse mesmo raciocínio, nada impede que a infração penal antecedente em sua execução seja praticada na forma tentada, basta que tenha produzido bens, direitos e valores aptos a serem lavados. Poderemos, nesse caso, verificar com tranquilidade a configuração do crime de lavagem de dinheiro.

2.1.7.1. O antigo rol de crimes antecedentes

Apesar de a Lei n. 12.683/2012 ter excluído o rol de crimes antecedentes, ampliando o espectro de aplicação da lavagem de dinheiro para ativos oriundos de qualquer infração penal, indistintamente, faremos algumas considerações sobre o antigo rol de crimes antecedentes que constavam dos incisos I a VIII do art. 1º da Lei n. 9.613/1998, em virtude de sua importância histórica, acadêmica e crítica, já que adiante, teceremos breves comentários sobre a opção legislativa pela sua extinção.

Quanto aos crimes antecedentes, eram três os sistemas conhecidos no Direito Comparado:

  a) sistema de *numerus clausus*: são enumerados diversos crimes que servem de base para a lavagem;

b) sistema de classes: considera uma determinada categoria de delitos como antecedentes da lavagem de dinheiro, como adotado pela legislação espanhola, que considera como antecedente o grupo chamado de crimes graves;

c) sistema misto: mescla um rol taxativo de crimes antecedentes com um grupo genérico, a exemplo da legislação brasileira original, que considera delitos específicos como extorsão mediante sequestro (Lei n. 9.613/98, art. 1º, inciso IV) e o grupo genérico dos delitos praticados por organizações criminosas (art. 1º, inciso VII).[132]

Além da extorsão mediante sequestro, são encontrados delitos como o tráfico ilícito de entorpecentes ou drogas afins (inciso I); terrorismo e seu financiamento (inciso II); contrabando ou tráfico de armas, munições ou material destinado a sua produção (inciso III); contra a Administração Pública, inclusive a exigência, para si ou para outrem, direta ou indiretamente, de qualquer vantagem, como condição ou preço para a prática ou omissão de atos administrativos; contra o sistema financeiro nacional (inciso VI); e, por fim, o crime praticado por particular contra a administração pública estrangeira (inciso VIII).

O rol, embora fosse taxativo, crimes antecedentes poderiam ser incluídos desde que praticados por organização criminosa, conforme disposição legal. Aqui, porém, cabe uma crítica. Ainda que haja essa abertura, com possibilidade de ser incluída uma enorme gama de delitos antecedentes praticados pelas organizações criminosas, o tipo era específico para crimes, não acomodando contravenções. Por conseguinte, a contravenção por prática de jogos de azar, entenda-se pelo jogo do bicho, ficaria fora desse universo.

Esse sistema de estabelecer um rol taxativo era bastante criticado, pois qualquer mudança teria de ser feita por nova legislação. No regime jurídico brasileiro, é bastante complicado imaginar a existência de uma tipificação aberta, como sucede na Espanha, que estabelece os crimes antecedentes como sendo os crimes considerados graves. Em sendo adotado este modelo no Brasil, ele se chocaria frontalmente com o princípio da reserva legal.

Controvertida era a aplicabilidade do crime praticado por organização criminosa. Parte da doutrina considerava esse dispositivo inaplicável e sem efeito, na medida em que não existia definição legal de organização criminosa na época.

---

(132) BONFIM, Márcia Monassi Mougenot; BONFIM, Edilson Mougenot. *Op. cit.*, p. 56.

Outra corrente defendia que o dispositivo era aplicável, pois se tratava de um tipo aberto, podendo ser definido pela doutrina ou jurisprudência. Portanto, não seria necessário que o elemento normativo estivesse definido em lei[133].

Ainda podemos acrescentar que a Convenção das Nações Unidas contra o Crime Organizado, promulgada no Brasil pelo Decreto n. 5.015/2004, trouxe a definição de organização criminosa como sendo "[...] grupo estruturado de três ou mais pessoas, existente há algum tempo e atuando concertadamente com o propósito de cometer uma ou mais infrações graves ou enunciadas na presente Convenção, com a intenção de obter, direta ou indiretamente, um benefício econômico ou outro benefício material"[134].

Como tem força de lei, a Convenção teria resolvido o problema da conceituação do crime organizado no Brasil. Imperaria, portanto, a definição trazida pela referida norma internacional, também conhecida como Convenção de Palermo.

Outros autores defendem que a Lei n. 9.034/95 havia definido de forma eficaz o que seria crime organizado, sendo, portanto, aplicável o dispositivo em questão[135].

Outra corrente, esta sim, majoritária, afirma que a Lei n. 9.034/95 não definiu o que seja organização criminosa. Insistia que "[...] a rigor não há, até hoje, uma definição legal do que seja 'organização criminosa', o que, a nosso ver, torna inaplicável este inciso VII em face do postulado da taxatividade da lei penal (CP, art. 1º)"[136].

De fato, não existia ainda no ordenamento jurídico brasileiro definição do que fosse organização criminosa. Na verdade, existia "[...] a Lei n. 9.034, de 3.5.1995, que pretendeu definir a 'ação de organização criminosa' no Capítulo I, porém assim não o fez. Trata-se de mera alusão à organização criminosa sem, no entanto, trazer em seu contexto um tipo penal definidor e delimitador dessa 'organização'"[137].

Parece mais acertado o raciocínio de que "[...] A Lei do Crime Organizado, n. 9.034, de 3.5.1995, define exclusivamente meios operacionais para o combate

---

(133) BONFIM, Márcia Monassi Mougenot; BONFIM, Edilson Mougenot. *Op. cit.*, p. 57.
(134) BRASIL. Decreto 5.015, de 12 março de 2004. Promulga a Convenção das Nações Unidas contra o Crime Organizado Transnacional. *Diário Oficial da República Federativa do Brasil*, Brasília, 15 mar. 2004. Disponível em: <https://www.planalto.gov.br/ccivil_03/_Ato2004-2006/2004/Decreto/D5015.htm>. Acesso em: 13.7.2016.
(135) MAIA, Carlos Rodolfo Fonseca Tigre. *Op. cit.*, p. 78.
(136) DELMANTO, Roberto; DELMANTO JUNIOR, Roberto; DELMANTO, Fábio M. de Almeida. *Leis penais especiais comentadas...*, cit., p. 558.
(137) SILVA, Cesar Antonio da. *Lavagem de dinheiro*: uma nova perspectiva penal. Porto Alegre: Livraria do Advogado, 2001. p. 68.

às organizações criminosas, além de disposições processuais específicas, sem, contudo, definir o conceito de organização criminosa"[138].

Com todo respeito aos renomados autores, era questionável a posição que defendia a aplicabilidade do inciso VII. No ordenamento jurídico brasileiro, não havia definição do que fosse "organização criminosa".

Tampouco parece aceitável a criação de tipos penais por meio de Decreto-Lei (em especial a promulgação da Convenção de Palermo), que não é lei penal em sentido estrito. O princípio constitucional da reserva legal não permite tal inovação. Todavia, ainda que permitisse, a definição de crime organizado encontra-se no art. 2º, que trata da terminologia, sem qualquer intenção de impor aos Estados uma definição, mas apenas se limitando a explicar o significado de "grupo criminoso organizado", expressão utilizada repetidas vezes naquele diploma.

Por maior que fosse a vontade em se divisar a total aplicabilidade e eficácia do referido dispositivo, é de se constatar que se tratava de uma cláusula de natureza programática, portanto inapta a implementar uma definição do que seja organização criminosa no nosso ordenamento. Da mesma forma, não é aceitável posicionamento que contrarie os mais caros princípios constitucionais, como o da reserva legal, balizador do Estado Democrático de Direito.

Posteriormente, a Lei n. 12.850/2013 veio a definir organização criminosa como "[...] a associação de 4 (quatro) ou mais pessoas estruturalmente ordenada e caracterizada pela divisão de tarefas, ainda que informalmente, com objetivo de obter, direta ou indiretamente, vantagem de qualquer natureza, mediante a prática de infrações penais cujas penas máximas sejam superiores a 4 (quatro) anos, ou que sejam de caráter transnacional".

Esta definição teria o caráter, por si só, de ampliar sobremaneira o espectro de aplicação da Lei de lavagem de dinheiro, não tivesse vindo de forma tardia. Explica-se: apesar de inegável a importância do referido normativo, a Lei n. 9.613/1998 já havia sido alterada em pela Lei n. 12.683/2012, que extirpou o rol de crimes antecedentes e estabeleceu que qualquer infração penal poderia ser antecedente do crime de lavagem de dinheiro, pouco importando a sua gravidade ou se foi praticada por organização criminosa.

Esse elastecimento parece ter contribuído para que nossa legislação não pertença a nenhuma das três correntes anteriormente mencionadas do direito comparado, já que sequer estabelece uma categoria de crimes, como crimes graves (Espanha), mas admite toda e qualquer infração penal, inclusive as de menor potencial ofensivo, sem qualquer ressalva ou outro requisito. Ou seja, "A nova redação (na realidade trata-se de uma nova lei em sentido amplo)

---

(138) MACEDO, Carlos Márcio Rissi. *Lavagem de dinheiro*. Curitiba: Juruá, 2006. p. 93.

trazida com a Lei n. 12.663/2012 ampliou sem limites o leque de incidência da norma de combate à lavagem de dinheiro, na medida em que substituiu no seu art. 1º, de maneira expressa, a origem ilícita do capital advindo de crime, pela expressão aberta, que inclui contravenções penais [...]"[139].

A definição de organização criminosa, apesar de não ter tido impacto na ampliação do rol de crimes antecedentes, teve sua importância para viabilizar a aplicação do § 4º do art. 1º da Lei n. 9.613/1998, que estabelece que "[...] A pena será aumentada de um a dois terços, se os crimes definidos nesta Lei forem cometidos de forma reiterada ou por intermédio de organização criminosa".

Acerca da extinção dos crimes antecedentes, é bom ressaltar que "[...] a mudança legal não foi fruto do acaso. É que a exploração de jogos de azar, popularmente chamados 'jogo do bicho', constitui uma das principais infrações que geram ganhos passíveis de lavagem"[140].

2.1.7.2. A infração penal antecedente praticada no exterior

Este tópico é de grande importância, tendo em vista o inegável caráter transnacional de que se revestem os delitos de lavagem de dinheiro. Não é rara a hipótese de um delito antecedente ser praticado em um determinado país e, em seguida, os ativos dele provenientes serem transferidos para outras localidades nas quais se darão início às operações que objetivam lavagem ou ocultação daqueles valores.

No art. 2º, inciso II, da Lei n. 9.613/1998, já é encontrada regulamentação específica para essas hipóteses. O referido dispositivo estabelece que o processo e o julgamento dos crimes de lavagem de dinheiro independem do processo e do julgamento das infrações penais antecedentes, ainda que praticados no exterior.

Entendendo a dificuldade na obtenção de prova do delito antecedente cometido em outro país, a comunidade internacional externou essa preocupação na Convenção de Viena de 1988 (Convenção Contra o Tráfico Ilícito de Entorpecentes e Substâncias Psicotrópicas), que estabelece em seu art. 7º, § 1º, que os Estados prestarão a mais ampla assistência jurídica recíproca nas investigações, julgamentos e processos jurídicos.

---

(139) LEMOS, Bruno Espineira. Crime de lavagem de dinheiro: o alargamento excessivo dos tipos antecedentes e o *bis in idem*. In: SPINEIRA, Bruno; CRUZ, Rogério Schietti; REIS JÚNIOR, Sebastião. *Crimes federais*. Belo Horizonte: D'Plácido, 2016. p. 190.
(140) CALLEGARI, André Luís; WEBER, Ariel Barazzetti. *Lavagem de dinheiro*. São Paulo: Atlas, 2014. p. 84.

Na doutrina, vem ganhando força o entendimento de que o delito precedente deve ser tipificado tanto no local de sua realização quanto no país em que se consumou a lavagem, pouco importando diferenças no *nomen iuris* ou na pena a ser aplicada. É o chamado princípio da dupla incriminação.

A aplicação desse princípio ganha especial destaque na medida em que seria irracional aplicar pena de lavagem de dinheiro a um sujeito ativo que obteve seus bens de forma lícita. Ou seja, quando uma conduta não é tipificada no país em que é praticada, mas é crime onde ocorreria a lavagem de dinheiro, não haverá dinheiro para lavar, tendo em vista que o mesmo é lícito na sua origem.

Em países que não possuem rol de crimes antecedentes, podendo-se aplicar a lavagem de dinheiro a valores oriundos de qualquer infração penal, a exemplo do Brasil, atualmente, basta que a conduta antecedente seja tipificada, seja considerada infração penal, no ordenamento jurídico do país cooperante, no qual o delito fora praticado.

2.1.8. Consumação e tentativa

O delito do *caput* do art. 1º se consuma com a prática das condutas comissivas ou omissivas, em ocultar ou dissimular a natureza, origem, localização, disposição, movimentação ou propriedade de bens, direitos ou valores provenientes, direta ou indiretamente, de infração penal. É igualmente punível ainda que o agente não consiga atingir o resultado — inserção no sistema financeiro — de forma total, perfectibilizada, na medida em que o objetivo do delito é tornar a origem invisível, mediante uma ocultação perfeita e impossível de ser rastreada, a inviabilizar a persecução penal.

Trata-se ainda de um crime permanente, na medida em que, para atingir a sua finalidade, o agente necessita realizar diversas operações de forma que o sucesso de uma delas não faz cessar as condutas de ocultação ou dissimulação.

A propósito, todas as modalidades previstas são de crimes permanentes, pois causam uma prolongada situação danosa ao sistema econômico-financeiro[141]. Da mesma forma, enquanto ocultos ou dissimulados, tais crimes impedem a persecução estatal, ferindo a administração da Justiça. Por isso, mesmo que seja consumada a operação ou transação que oculte ou dissimule a origem dos bens, direitos ou valores, perduram seus efeitos danosos.

No delito do § 1º, além do crime também ser permanente, sua consumação ocorre quando o agente realiza qualquer dos comportamentos descritos no

---

(141) BARROS, Marco Antônio. *Op. cit.*, p. 104.

tipo (converter, adquirir, transferir, importar, exportar etc.). A tentativa ocorre quando, por circunstâncias alheias a sua vontade, o agente não consegue realizar ou concretizar os elementos do tipo, a exemplo de conversão e aquisição.

Por fim, temos no § 2º dois crimes permanentes e de mera conduta, para cuja consumação basta que o agente utilize os bens, direitos ou valores provenientes de infração penal ou que participe de grupo, associação ou escritório cuja atividade principal ou secundária seja a prática de lavagem de dinheiro.

A tentativa, por sua vez, é punida nos termos do art. 14, parágrafo único, do Código Penal.

2.1.9. Pena

A pena prevista para esses delitos é de reclusão de três a dez anos, além de multa. Esta pena pode ser aumentada de um a dois terços, de acordo com o art. 1º, § 4º, se os crimes definidos nesta Lei forem cometidos de forma reiterada ou por intermédio de organização criminosa.

2.2. O art. 180 do Código Penal Brasileiro: a receptação

2.2.1. Considerações preliminares

A receptação, sem dúvida, é um dos delitos mais executados em nossa sociedade, com sua prática a abranger situações tão diversas quanto a aquisição de pequenos produtos vendidos em camelôs e ambulantes, até cargas inteiras. Trata-se, por conseguinte, de um delito que pode ser cometido tanto por grandes empresas quanto por pequenos comerciantes.

2.2.2. Objeto material

O objeto material do crime de receptação é a coisa móvel produto de crime, como dinheiro, joias, mercadorias, entre outros itens[142]. Mesmo que no Código Penal, em seu art. 180, não seja feita menção à qualidade de mobilidade do bem receptado, ela deve sempre estar presente.

Isso se dá em razão de um imóvel não poder ser receptado. Ou seja, um imóvel não pode ser transferido do poder de quem ilegitimamente o detém

---

(142) PRADO, Luiz Regis. *Op. cit.*, p. 640.

para o receptador, de modo a dificultar a recuperação desse bem pelo legítimo dono. Ademais, a coisa deve ser proveniente de crime, mediata ou imediatamente, ou melhor, de um fato definido como crime[143].

Aqui, podemos acrescentar que "as presunções da lei civil, no que toca aos bens imóveis, não produzem efeitos na esfera penal. Por exemplo, um navio pode ser objeto material de receptação, em que pese ser um bem imóvel à luz do Direito Civil. Há que se considerar que para um bem ser considerado móvel perante o Direito Penal, basta a possibilidade de seu deslocamento físico"[144].

Da mesma forma, podemos afirmar que embora a lei empregue a palavra "coisa", essa não pode ser interpretada incluindo-se os imóveis. A receptação, tanto na sua raiz etimológica quanto na acepção usual, tem a significação de dar receptáculo, ocultar, esconder, recolher. Logo, não se compatibiliza com os bens imóveis[145].

Também é interessante ressaltar que se configura o crime de receptação

> [...] ainda que haja alteração da forma da coisa. Ex.: libras esterlinas fundidas. Há delito, também, se o objeto material é trocado. Ex.: o sujeito troca o relógio furtado por dinheiro. O instrumento do crime não constitui objeto material de receptação. Neste caso, o sujeito que o recebe ou adquire responde por favorecimento real (CP, art. 349). O preço também não pode ser considerado produto de crime.[146]

2.2.3. Tipo objetivo

Primeiramente, frisemos que é indispensável para a caracterização da receptação a existência de um crime anterior, responsável pela origem ilícita do bem, da coisa móvel. Portanto, trata-se de um crime acessório ou parasitário. Para sua configuração, "[...] não há necessidade da existência de inquérito policial, processo e muito menos sentença em que se ateste a ocorrência do crime antecedente, mas torna-se indispensável a prova de sua ocorrência"[147].

---

(143) GRECO, Rogério. *Curso de direito penal*: parte especial. Niterói: Impetus, 2014. v. III, p. 345.
(144) CAPEZ, Fernando. *Curso de direito penal*. São Paulo: Saraiva, 2015. p. 621. v. 2: parte especial.
(145) DELMANTO, Roberto; DELMANTO JUNIOR, Roberto; DELMANTO, Fábio M. de Almeida. *Código penal comentado*. Rio de Janeiro: Renovar, 2016. p. 657.
(146) JESUS, Damásio E. de. *Direito penal*: parte especial: dos crimes contra a pessoa e dos crimes contra o patrimônio. São Paulo: Saraiva, 2015. v. 2, p. 541.
(147) MIRABETE, Julio Fabbrini. *Manual de direito penal*: parte especial. São Paulo: Atlas, 2015. v. II, p. 338.

Quanto aos elementos do tipo objetivo, o art. 180 do Código Penal pátrio assim dispõe:

> Art. 180. Adquirir, receber, transportar, conduzir ou ocultar, em proveito próprio ou alheio, coisa que sabe ser produto de crime, ou influir para que terceiro, de boa-fé, a adquira, receba ou oculte:
>
> Pena. Reclusão, de um a quatro anos, e multa.
>
> **Receptação qualificada**
>
> § 1º Adquirir, receber, transportar, conduzir, ocultar, ter em depósito, desmontar, montar, remontar, vender, expor à venda, ou de qualquer forma utilizar, em proveito próprio ou alheio, no exercício de atividade comercial ou industrial, coisa que deve saber ser produto de crime:
>
> Pena. Reclusão, de três a oito anos, e multa.
>
> § 2º Equipara-se à atividade comercial, para efeito do parágrafo anterior, qualquer forma de comércio irregular ou clandestino, inclusive o exercício em residência.
>
> § 3º Adquirir ou receber coisa que, por sua natureza ou pela desproporção entre o valor e o preço, ou pela condição de quem a oferece, deve presumir-se obtida por meio criminoso:
>
> Pena. Detenção, de um mês a um ano, ou multa, ou ambas as penas.
>
> § 4º A receptação é punível, ainda que desconhecido ou isento de pena o autor do crime de que proveio a coisa.
>
> § 5º Na hipótese do § 3º, se o criminoso é primário, pode o juiz, tendo em consideração as circunstâncias, deixar de aplicar a pena. Na receptação dolosa aplica-se o disposto no § 2º do art. 155.
>
> § 6º Tratando-se de bens e instalações do patrimônio da União, Estado, Município, empresa concessionária de serviços públicos ou sociedade de economia mista, a pena prevista no caput deste artigo aplica-se em dobro.[148]

As formas presentes de receptação inseridas no nosso ordenamento jurídico são: a própria, a imprópria, a qualificada, a qualificada em razão do objeto material e a privilegiada.

---

(148) BRASIL. Decreto-Lei n. 2.848, de 7 de dezembro de 1940. Código Penal. Presidência da República. Disponível em: <http://www.planalto.gov.br/ccivil_03/Decreto-Lei/Del2848.htm>. Acesso em: 13.7.2016.

A receptação própria está prevista na primeira parte do *caput* do delito em estudo e é praticada por aquele que adquire (obtém o domínio da coisa de forma onerosa ou gratuita), recebe (obtém a posse da coisa sem transferência da propriedade), transporta (desloca a coisa de um local para outro), conduz (dirige ou pilota qualquer meio de transporte de locomoção, como um automóvel, caminhão ou bicicleta) ou oculta (esconde, coloca em esconderijo, de forma a não ser encontrado), em proveito próprio ou alheio, coisa que sabe ser produto de crime[149].

Essa forma constitui a receptação clássica, em que o sujeito ativo pratica o delito de forma direta, sem a influência de terceiro. Nas modalidades transportar, conduzir e ocultar, aqui previstas, o crime é permanente e só se consuma quando cessam as condutas.

A receptação imprópria está prevista na segunda parte do *caput* do artigo em comento e é configurada quando o sujeito ativo pratica ato capaz de influir (estimular, sugerir, incutir ou insuflar) para que terceiro, de boa-fé, adquira, receba ou oculte a coisa.

Nessa hipótese, o sujeito ativo jamais poderá ser aquele que praticou o crime antecedente, devido à impossibilidade de autorreceptação no nosso ordenamento. Faz-se necessário que o terceiro influenciado esteja de boa-fé, ou seja, não tenha conhecimento da origem criminosa do bem. Caso contrário, se este tiver ciência deste fato, será caracterizado como receptador próprio, e o influenciador será partícipe do fato descrito na 1ª parte do *caput*.

A receptação qualificada é aquela prevista no § 1º, introduzida pela Lei n. 9.426/96, a se configurar quando o sujeito ativo adquire, recebe, transporta, conduz, oculta, tem em depósito, desmonta, monta, remonta, vende, expõe à venda, ou de qualquer forma utiliza, em proveito próprio ou alheio, no exercício de atividade comercial ou industrial, coisa que deve saber ser produto de crime.

Sobre essa modalidade, saliente-se que deve ser comprovado que a receptação foi praticada no exercício da atividade comercial. Sobre o tema, o Tribunal de Justiça do Rio Grande do Sul adotou o seguinte posicionamento:

> APELAÇÃO CRIME. RECEPTAÇÃO QUALIFICADA. 1. DESCLASSIFICAÇÃO PARA FORMA FUNDAMENTAL. A qualificadora deve ser afastada, pois a atividade exercida pelo réu não se enquadra no conceito jurídico de comerciante. Mesmo que o conceito de comerciante tenha perdido a sua função com o advento do Código Civil de 2002, é necessário perquirirmos o seu significado, porquanto levado em conta quando da elaboração do tipo penal. O contabilista nunca foi enquadrado como comerciante pelo direito pátrio, haja vista esse

---

(149) CAPEZ, Fernando. *Op. cit.*, p. 622.

não realizar atos de comércio. A prestação de serviços, cuja relevância aumentou exponencialmente com a criação dos grandes centros urbanos, nunca se enquadrou na lista de atos de comércio. Dessa maneira, o réu não utilizou o bem receptado no exercício de atividade comercial, razão pela qual mostra-se equivocada a qualificadora do § 1º do art. 180 no caso em tela. APELAÇÃO PARCIALMENTE PROVIDA.[150]

O Tribunal de Justiça do Distrito Federal e Territórios, com o objetivo de manter a condenação do sujeito ativo, assim fundamentou:

> O apelante foi denunciado, processado e condenado por infração ao art. 180, § 1º, c/c o art. 70, ambos do Código Penal, porque no dia 10 de março de 2006, expunha à venda, no exercício de atividade comercial, bens que sabia ser produto de crime.
>
> Ao ser interrogado em juízo, confessou ele que se dedicava à compra e venda de telefones celulares na feira permanente de Sobradinho [...].[151]

A doutrina afirma, ainda, que essa modalidade "[...] foi introduzida para punir mais severamente os proprietários de 'desmanches' de carros (por isso, as condutas desmontar, montar, remontar), exigindo-se ainda o exercício de atividade comercial ou industrial"[152].

Todavia, vale salientar que o Superior Tribunal de Justiça tem "[...] entendimento pacífico de que não existe continuidade delitiva entre os crimes de recepção e adulteração de sinal identificador de veículo automotivo [...]", já que "[...] a recepção dolosa é crime contra o patrimônio e a adulteração é delito contra a fé pública"[153].

A recepção privilegiada, por seu turno, foi acrescentada pela Lei n. 9.426/96 e está prevista no § 5º, parte final. Trata-se de benefício equivalente ao inserto no art. 155, § 2º, e pode ser aplicado às formas dolosas descritas no *caput* do art. 180. É, todavia, impossível a sua aplicação à forma qualificada vista anteriormente, que deve seguir as regras atinentes ao furto privilegiado[154].

---

(150) BRASIL. Tribunal de Justiça do Rio Grande do Sul. Provimento parcial de apelação criminal. Apelação 70012146700. Relatora: Lúcia de Fátima Cerveira. DJ 8 maio 2007. Disponível em: <http://www.tj.rs.gov.br>. Acesso em: 15.9.2007.
(151) BRASIL. Tribunal de Justiça do Distrito Federal e Territórios. Desprovimento de apelação criminal. Apelação 20060610024276APR. Relator: Vaz de Mello. DJ 28.9.2007. Disponível em: <http://www.tjdft.gov.br>. Acesso em: 30.9.2007.
(152) NUCCI, Guilherme de Souza. *Manual de direito penal*: parte geral: parte especial. São Paulo: Revista dos Tribunais, 2016. p. 805.
(153) BRASIL. Superior Tribunal de Justiça. Denegação de Habeas Corpus. Habeas Corpus n. 57.956 — RS. Flávio Luís Algarve, Estado do Rio Grande do Sul e Carlos Albano de Oliveira. Relator: Ministro Napoleão Nunes Maia Filho. Brasília, DJ 27.8.2007. Disponível em: <www.stj.gov.br>. Acesso em: 15.9.2007.
(154) CAPEZ, Fernando. *Op. cit.*, p. 627.

A receptação qualificada em razão do objeto (patrimônio público) está contemplada no § 6º (também acrescentado pela Lei n. 9.426/96). Por esse dispositivo, pratica o crime aquele que, em detrimento de bens e instalações do patrimônio da União, Estado, Município, empresa concessionária de serviços públicos ou sociedade de economia mista, executa os elementos do tipo.

A última modalidade que veremos é a receptação culposa, prevista no § 3º, o qual determina que pratica o crime aquele que adquire ou recebe coisa que, por sua natureza ou desproporção entre o valor e o preço, ou pela condição de quem a oferece, deve presumir-se obtida por meio criminoso. Da mesma forma, será incriminado aquele que, sem conhecer da origem criminosa, influi para que terceiro de boa-fé adquira ou receba a coisa, também de forma culposa.

Não foi incluída a conduta de ocultar, constituindo-se, portanto, atípica a ação de quem esconde o bem de origem criminosa, sem conhecer sua procedência criminosa, ainda que tenha agido culposamente.

Está previsto no § 5º, 1ª parte: "se o criminoso é primário, pode o juiz, tendo em consideração as circunstâncias, deixar de aplicar a pena". O perdão judicial só se aplica à receptação culposa. Portanto, uma vez presentes os requisitos legais, o juiz está obrigado a conceder esse benefício legal. E, como já estudado no crime de homicídio, consoante a Súmula n. 18 do Superior Tribunal de Justiça, a sentença que concede o perdão judicial é declaratória da extinção da punibilidade e não condenatória, em que pesem posicionamentos em sentido contrário.

2.2.4. Tipo subjetivo

No crime do art. 180, *caput,* os elementos do tipo devem ser praticados com o dolo genérico, sendo este a vontade livre e consciente de praticar um daqueles elementos. Só é tipificada a receptação se houver certeza de que o objeto material proveio de crime, de forma que, na dúvida quanto a esta origem, há receptação culposa.

Na receptação qualificada, prevista no § 1º, introduzida pela Lei n. 9.426/96, existe grande discussão acerca do tipo subjetivo, a abranger desde a corrente defensora da aplicação das duas formas do dolo (eventual e direito), até a da aplicação somente do dolo eventual. Essa última gera discussão quanto à constitucionalidade do dispositivo, aspecto que será melhor analisado mais adiante.

Por fim, temos a receptação culposa, que é possível apenas nas circunstâncias do § 3º. No caso, o sujeito ativo é aquele que deveria saber que a coisa é de origem criminosa em razão da natureza do objeto material, da desproporção entre o valor e o preço e da condição de quem oferece.

Na análise do caso concreto, deverá ser investigado na fase de instrução criminal se o sujeito ativo tinha ou não ciência da origem criminosa do objeto material. Com o objetivo de desprover apelo do réu, o Tribunal de Justiça do Distrito Federal e Territórios fez uso do seguinte fundamento, constante do voto condutor:

> Ora, o apelante adquiriu uma televisão, sem qualquer documento, por preço que confessadamente sabia ser inferior ao de mercado. Acrescente-se que um parente da vítima entrou em contato com o recorrente para informá-lo de que a televisão havia sido furtada da residência de sua avó e, ao invés de devolver a televisão, o mesmo achou por bem escondê-la na residência de sua namorada.
>
> Logo, o comportamento do apelante, somado ao conjunto probatório constante dos autos não deixam dúvidas de que sabia, efetivamente, da origem ilícita do bem.[155]

2.2.5. Bem jurídico protegido

O tipo penal que prevê o crime de receptação procura proteger o patrimônio, seja ele público ou privado[156]. Essa é a posição da doutrina majoritária.

Assim, protege-se a inviolabilidade patrimonial. Não se pode olvidar que a receptação atinge novamente o direito de propriedade já anteriormente violado, permanecendo a situação antijurídica criada, e ainda obstaculiza a recuperação dos produtos obtidos pelo crime antecedente. Dessa forma, um dos motivos da incriminação da receptação é a intenção de inutilizar, nas mãos do culpado pelo delito anterior, o produto do crime, além de buscar tornar menos fácil a sua recuperação[157]. Ou seja, "tutela-se a inviolabilidade do patrimônio, tipificando-se a conduta que estimula o cometimento de outros crimes contra o patrimônio, aguçando a cupidez dos ladrões e assaltantes [...]"[158].

Todavia, deve o valor da coisa ser minimamente capaz de causar dano ao patrimônio, na medida em que "[...] O valor ínfimo das res sem força para causar dano relevante ao patrimônio da vítima, não tem repercussão na seara penal, à míngua de efetiva lesão do bem jurídico tutelado [...]"[159]. A esse ra-

---

(155) BRASIL. Tribunal de Justiça do Distrito Federal e Territórios. Desprovimento de apelação criminal. Apelação 20050510060445-APR. Relator: Arnoldo Camanho. DJ 28.9.2007. Disponível em: <http://www.tjdft.gov.br>. Acesso em: 30.9.2007.
(156) GRECO, Rogério. *Op. cit.*, p. 345.
(157) PRADO, Luiz Regis. *Op. cit.*, p. 638.
(158) CAPEZ, Fernando. *Op. cit.*, p. 620.
(159) BRASIL. Tribunal de Justiça do Rio Grande do Sul. Provimento de apelação criminal. Apelação 70018135731. Relator: Aymoré Roque Pottes de Mello. DJ 2.8.2007. Disponível

ciocínio se chega pelo fato de que "[...] quando não há lesão ou perigo concreto a um bem jurídico, o fato não se reveste de tipicidade no plano concreto. A ofensividade a um bem jurídico integra o tipo penal, de modo que, além da previsão abstrata, da conduta, da causa, do resultado, o tipo se perfectibiliza na vida dos fatos se houver ofensa relevante a um bem jurídico"[160].

Pelo visto, pode-se concluir que a receptação não apenas atinge o patrimônio. A administração da Justiça também figura como bem jurídico protegido pelo tipo penal. Isso porque "[...] procura-se coibir o locupletamento do receptador com o ilícito anteriormente praticado, o qual dificulta ainda mais a recuperação da res"[161].

A prática da receptação causa não só um distanciamento do proprietário, do legítimo dono da coisa receptada, mas também afasta o produto do crime do próprio autor do delito antecedente, dificultando assim a persecução penal do Estado, favorecendo a impunidade[162].

Há ainda autores, como Calos Aránguez Sánchez, que consideram que a receptação, analisando-se a sua evolução histórica, passou primeiro pela sua diferenciação como figura delitiva autônoma para progressivamente deixar de ser um delito patrimonial e se tornar um delito que protege a ordem socioeconômica[163].

2.2.6. Sujeito ativo

O sujeito ativo do crime de receptação pode ser qualquer pessoa. Todavia, no ordenamento jurídico brasileiro não se admite a "autorreceptação", ou seja, o autor, coautor ou partícipe do crime antecedente não pode figurar como sujeito ativo. Ainda que o sujeito ativo do crime antecedente influencie diretamente um terceiro a praticar os elementos do tipo, somente responderá pelo delito prévio. A receptação é, por conseguinte, considerada um *pos factum* não punível[164].

---

em: <http://www.tj.rs.gov.br>, Acesso em: 15.9.2007.
(160) BRASIL. Tribunal de Justiça do Rio Grande do Sul. Desprovimento de apelação criminal. Apelação 70018942839. Relator: Nereu José Giacomolli. DJ 26 jun. 2007. Disponível em: <http://www.tj.rs.gov.br>. Acesso em: 15.9.2007.
(161) CAPEZ, Fernando. *Op. cit.*, p. 620.
(162) "[...] Indiretamente, a receptação viola também o interesse da administração pública, dificultando as ações policial e judicial no restabelecimento do direito." MIRABETE, Julio Fabbrini. *Op. cit.*, p. 337.
(163) "La evolución de la receptación se caracteriza por un doble proceso: primero, su diferenciación como figura delictiva autónoma, separándose del encubrimiento y abandonando su consideración como forma de participación, y en segundo lugar su progresivo traslado del bloque de delitos patrimoniales a aquellos que protegen el orden socioeconómico." SÁNCHEZ, Carlos Aránguez. *Op. cit.*, p. 148.
(164) MIRABETE, Julio Fabbrini. *Op. cit.*, p. 338.

O proprietário do bem, todavia, pode ser receptador. A doutrina costuma citar o bem que se acha na posse do credor pignoratício e, furtado por terceiro, é receptado pelo proprietário. Nessa hipótese, esse recebe, adquire ou oculta coisa produto de crime (furto), praticado contra o legítimo possuidor.[165]

A receptação qualificada, todavia, só pode ser praticada por aquele que desempenha atividade comercial ou industrial de forma habitual. O § 2º deste artigo equipara à atividade comercial, qualquer forma de comércio irregular ou clandestino, inclusive o exercido em residência.

A discussão acerca da receptação qualificada, nada obstante, envolve um problema. O legislador empregou a expressão "que deve saber ser produto de crime". Tal aplicação resultou no surgimento de uma discordância na doutrina quanto ao tipo subjetivo da receptação qualificada. São duas as posições:

> a) segundo a posição defendida por Fernando Capez[166], devem ser incriminadas tanto as condutas de quem sabe (dolo direto) quanto as de quem deve saber (dolo eventual), pois a conduta de quem sabe encontra-se abrangida, e na medida em que a prática da conduta com dolo eventual qualifica o crime, por óbvio que praticá-la com dolo direto também deve qualificar.
>
> b) em respeito ao princípio da reserva legal, o tipo deve abranger apenas o comportamento de quem deve saber (dolo eventual) da origem criminosa, não se podendo empregar a analogia para alcançar a conduta de quem sabe. Logo, se o § 1º só pode ser aplicado no caso do dolo eventual, ofende o princípio constitucional da proporcionalidade por punir mais severamente o dolo eventual que o dolo direto. Trata-se de aplicação inconstitucional e, ao mesmo tempo, irracional, razão por que o § 1º, na sua inconstitucionalidade, não deve ser aplicado.

Com todo o respeito aos doutrinadores defensores da primeira corrente, ela é vulnerável a críticas. Não se pode equiparar "sabe ser produto de crime" com "deve saber ser produto de crime". São situações totalmente diferentes. Ademais, os princípios da reserva legal e da proporcionalidade não podem ser ultrapassados. Ainda que inadequada a redação dada pelo legislador, é inegável a gravidade do delito do § 1º, que merece ser punido com maior rigor, não se podendo permitir que convicções pessoais ultrapassem princípios constitucionais tão arduamente conquistados e balizadores do Direito Penal.

Parece adequada a solução dada por Damásio de Jesus, que não desconsidera totalmente o § 1º, como na segunda hipótese. Ele afirma que deve ser

---

(165) CAPEZ, Fernando. *Op. cit.*, p. 623.
(166) CAPEZ, Fernando. *Op. cit.*, p. 627.

desconsiderado apenas o preceito secundário dessa modalidade, uma vez que ofende o princípio constitucional da proporcionalidade e da individualização legal da pena. Desta forma, aplica-se apenas a pena do *caput*, cortando o excesso quando se aplicar o dolo eventual, já que esse é menos grave do que o dolo direto[167].

O Tribunal de Justiça do Distrito Federal e Territórios, em recente decisão, asseverou que "Para a caracterização do delito previsto no art. 180, § 1º, do CP, mister que o agente, no exercício de sua atividade comercial, pratique uma das condutas descritas no tipo penal. Além disso, necessária a constatação do dolo eventual, consistente no "dever saber" que a coisa é produto de crime"[168].

2.2.7. Crimes antecedentes

O art. 180 do Código Penal pátrio não faz qualquer ressalva com relação aos crimes antecedentes, apenas afirmando genericamente que será responsabilizado aquele que adquirir, receber, transportar, conduzir ou ocultar coisa que sabe ser produto de crime. Ou seja, não existe um rol de crimes antecedentes. No delito de receptação, todos os crimes podem ser crimes antecedentes. Esta é a interpretação literal do dispositivo.

Portanto, a receptação é um crime parasitário ou acessório, já que exige a prática de um crime antecedente para que possa ser configurado. Ou seja, o objeto material deve ser produto de crime antecedente, chamado de delito pressuposto[169].

Essa qualidade é chamada de assessoriedade objetiva, nada obstante ocorrer apenas no plano material. No plano processual, há plena autonomia, de forma que a ação penal desse crime independe da apuração do crime anterior[170].

Quando o legislador se refere à coisa que sabe ser produto de crime, crime é elemento normativo jurídico-penal do tipo de injusto (ação ou omissão típica, antijurídica e culpável)[171]. Não são admitidas as contravenções, por conseguinte essas não podem ser consideradas infrações precedentes desse delito. Em consequência, os ganhos do jogo do bicho, por exemplo, não podem ser objeto do crime de receptação, ainda que o sujeito ativo tenha conhecimento desta origem ilícita.

---

(167) JESUS, Damásio E. de. *Op. cit.*, p. 547-548.
(168) BRASIL. Tribunal de Justiça do Distrito Federal e Territórios. Negar provimento ao recurso de Kleber de Sousa Joaquim e dar provimento ao recurso de Jermir Pinto de Mello. Apelação 20010110606016APR. Relator: Arnoldo Camanho. DJ 26.9.2007. Disponível em: <http://www.tjdft.gov.br>, Acesso em: 30.9.2007.
(169) CAPEZ, Fernando. *Op. cit.*, p. 621.
(170) PRADO, Luiz Regis. *Op. cit.*, p. 642.
(171) *Ibidem*, p. 639.

De acordo com o § 4º, a receptação será punível ainda que o autor do crime antecedente seja isento de pena ou desconhecido. Ou seja, basta que a coisa provenha de crime e que o receptador tenha conhecimento desse fato, pouco importando a identidade do autor de crime originário. Da mesma forma, haverá receptação quando a coisa provier de crime praticado por inimputável, ou que tenha o autor do crime antecedente sido absolvido por falta de provas.

Conclui-se também que "[...] a extinção da punibilidade do crime antecedente não opera efeitos sobre o crime de receptação. Do mesmo modo, na hipótese em que a punição do crime antecedente depende de representação do ofendido ao Ministério Público ou de queixa-crime, o não oferecimento destas não impede o reconhecimento do crime de receptação"[172].

Portanto, é indispensável a coisa produto de crime, pois, sem tal pressuposto, não há receptação. O crime deve ser entendido em sentido estrito, pois não serve o produto de contravenção[173]. É pressuposto para a caracterização deste a prova da existência de crime anterior, que não necessita ser de natureza patrimonial. Não se exige também que a infração anterior já tenha sido apurada em processo ultimado; basta a prova de sua ocorrência, que poderá ser apurada conjuntamente com o delito posterior[174].

2.2.8. Consumação e tentativa

A consumação do crime de receptação própria ocorre quando o agente pratica uma das ações enumeradas no tipo penal: adquirir (transferir para si a propriedade), receber (transferir para si a posse ou detenção), transportar (transferir de um local a outro), conduzir (dirigir veículo) ou ocultar (ato de esconder, que pressupõe o de receber). Nessa modalidade, "[...] consuma-se com o ato da aquisição, recebimento, ocultação etc., ocorrendo com a efetiva tradição"[175].

As condutas de transportar, conduzir e ocultar configuram-se crimes permanentes e sua consumação se perpetua no tempo.

O crime de receptação imprópria consuma-se com a prática de qualquer ato idôneo a influir terceiro, ainda que sem sucesso, para alcançar o objetivo. Basta o simples ato de "influenciar", não sendo necessário que o terceiro de boa-fé efetivamente adquira, receba ou oculte a coisa produto de crime. Trata-

---

[172] CAPEZ, Fernando. *Op. cit.*, p. 622.
[173] DELMANTO, Celso. *Op. cit.*, p. 657.
[174] JESUS, Damásio E. de. *Op. cit.*, p. 555.
[175] *Ibidem*, p. 552.

-se de crime de mera conduta, não sendo admissível, portanto, a tentativa, pois se o ato praticado não for idôneo, não há crime[176].

O mero ajuste para a compra, por sua vez, consiste em ato preparatório e, portanto, impunível[177].

É possível ainda a receptação da receptação, ou receptação em cadeia, já que uma coisa pode ser objeto de receptações sucessivas. Porém, se um dos sujeitos que adquire a coisa não conhece nem tem condições de conhecer sua origem ilícita (terceiro de boa-fé), desfaz-se o caráter criminoso do bem e interrompe-se a cadeia delitiva. Se este vier a revender a coisa, mesmo que o novo comprador saiba daquela origem, não haverá crime de receptação[178].

Em sentido contrário, Fernando Capez, para quem respondem pelo crime todos aqueles que, nas sucessivas negociações envolvendo o objeto, tenham ciência da origem espúria do bem. Ou seja, aquele que adquire de terceiro de boa-fé e tem ciência da origem criminosa é considerado receptador. Essa última posição parece acertada[179].

2.2.9. Pena

Nas modalidades de receptação própria e imprópria, a pena é de reclusão, de um a quatro anos, e multa.

Na receptação qualificada, prevista no § 1ª, a pena é de reclusão, de três a oito anos, e multa.

Na receptação qualificada em razão do objeto (patrimônio público), que está contemplada no § 6º, aplica-se a pena prevista no *caput* deste artigo em dobro.

Na receptação culposa, prevista no § 3º, aplica-se pena de detenção, de um mês a um ano, ou multa, ou ambas as penas.

2.3. *Análise comparativa entre os tipos penais de lavagem de dinheiro e receptação*

2.3.1. Objeto material

Como visto anteriormente, o objeto material do crime de receptação é a coisa móvel produto de crime. Neste sentido, um imóvel não pode ser re-

---

(176) CAPEZ, Fernando. *Op. cit.*, p. 625.
(177) MIRABETE, Julio Fabbrini. *Op. cit.*, p. 341.
(178) PRADO, Luiz Regis. *Op. cit.*, p. 640-641.
(179) CAPEZ, Fernando. *Op. cit.*, p. 624.

ceptado, pois não pode ser transferido do poder de quem ilegitimamente o detém para o receptador de modo a dificultar a recuperação desse bem pelo legítimo dono.

A coisa deve ser proveniente de crime, mediata ou imediatamente, ou seja, de um fato definido como crime. Também é interessante ressaltar que configura-se o crime de receptação

> [...] ainda que haja alteração da forma da coisa. Ex.: libras esterlinas fundidas. Há delito, também, se o objeto material é trocado. Ex.: o sujeito troca o relógio furtado por dinheiro. O instrumento do crime não constitui objeto material de receptação. Neste caso, o sujeito que o recebe ou adquire responde por favorecimento real (CP, art. 349). O preço também não pode ser considerado produto de crime.[180]

Na lavagem de dinheiro o objeto material são os bens, direitos ou valores que sejam produtos de infração penal. Ou seja, assim como na receptação, o objeto material pode ser necessariamente proveniente de um crime, patrimonial ou não, mas a lavagem de dinheiro também pode abarcar as contravenções, em virtude da amplitude da expressão "infrações penais".

Ambos são crimes assessórios ou parasitários e prescindem da existência de inquérito policial, processo e muito menos sentença em que se ateste a ocorrência do crime antecedente. Basta a prova de sua ocorrência.

Quanto à impossibilidade de ser o imóvel objeto material da receptação, esta não se repete no crime de lavagem de dinheiro. Na lavagem não existe tal restrição.

2.3.2. Tipo objetivo

É necessário identificar primeiro os verbos caracterizadores para a configuração da receptação, em cada modalidade:

> a) a própria, pratica quem adquire, recebe, transporta, conduz ou oculta em proveito próprio ou alheio, coisa que sabe ser produto de crime;

> b) a imprópria, quem pratica ato capaz de influir para que terceiro, de boa-fé, a adquira, receba ou oculte;

> c) a qualificada, pratica o sujeito ativo que adquire, recebe, transporta, conduz, oculta, tem em depósito, desmonta, monta, remonta, vende, expõe à venda, ou de qualquer forma utiliza, em proveito próprio

---

(180) JESUS, Damásio E. de. *Op. cit.*, p. 541.

ou alheio, no exercício de atividade comercial ou industrial, coisa que deve saber ser produto de crime;

d) a qualificada em razão do objeto material, a qual é praticada em detrimento de bens e instalações do patrimônio da União, Estado, Município, empresa concessionária de serviços públicos ou sociedade de economia mista; e

e) a receptação culposa, praticada por aquele que adquire ou recebe coisa que, por sua natureza ou desproporção entre o valor e o preço, ou pela condição de quem a oferece, deve presumir-se obtida por meio criminoso.

Quanto à lavagem de dinheiro, constam no *caput* do art. 1º as condutas de ocultar ou dissimular a natureza, a origem, a localização, a disposição, a movimentação e a propriedade de bens, direitos ou valores provenientes, direta ou indiretamente, de infração penal.

Aqui encontramos uma equivalência de condutas no verbo ocultar que está também presente na receptação própria e qualificada.

No § 1º desse mesmo artigo, encontra-se equiparação ao delito do *caput*, incorrendo na mesma pena aquele que:

a) os converte (muda, transforma ou transmuta uma coisa em outra) em ativos lícitos, observando-se que esta mudança do objeto material é possível também na receptação;

b) os adquire, recebe, troca, negocia, dá ou recebe em garantia, guarda, tem em depósito, movimenta, ou transfere, observando-se que na receptação própria são recepcionados os mesmos verbos adquirir e receber;

c) importa ou exporta bens com valores não correspondentes aos verdadeiros, podendo ser assemelhado a transportar e conduzir, já que todos dão a ideia de movimentação.

Pelo § 2º, incorre na mesma pena aquele que utiliza, na atividade econômica ou financeira, bens, direitos ou valores que sabe serem provenientes de qualquer infração penal. Da mesma forma, na receptação qualificada incorre aquele não só que adquire, recebe, transporta, conduz, oculta, tem em depósito, desmonta, monta, remonta, vende, expõe à venda, mas de qualquer forma utiliza, em proveito próprio ou alheio, no exercício de atividade comercial ou industrial, coisa que deve saber ser produto de crime. Há identidade completa de condutas.

A receptação qualificada em razão do objeto material (patrimônio público) encontra semelhança com a lavagem de dinheiro, cujo crime antecedente, ou infração penal antecedente, foi contra a Administração Pública.

Da mesma forma, o § 2º, II, da Lei n. 9.613/1998, incrimina aquele que participa, ou seja, que faça parte ou apenas contribua, com grupo, associação ou escritório tendo conhecimento de que esta conduta é dirigida à prática da lavagem de dinheiro. Esse dispositivo foi inserido como instrumento de combate ao crime organizado e por isso não encontra correspondência no delito de receptação.

A receptação culposa também não encontra correspondência na lavagem de dinheiro, que pelo nosso ordenamento só prevê o dolo como elemento subjetivo.

2.3.3. Tipo subjetivo

No crime inserto no art. 180, devem ser praticados os elementos do tipo com o dolo genérico, de forma que só se tipifica a receptação se houver a certeza de que o objeto material proveio de crime. Na dúvida quanto à esta origem, há receptação culposa.

Na configuração da lavagem de dinheiro, não há modalidade culposa, de forma que só é admitido o dolo direto. O dolo eventual pode ser admitido, observado o caso concreto.

2.3.4. Bem jurídico protegido

O tipo penal que prevê o crime de receptação procura proteger o patrimônio, seja ele público ou privado[181].

Todavia, podemos afirmar que a administração da Justiça também figura como bem jurídico protegido porque "[...] procura-se coibir o locupletamento do receptador com o ilícito anteriormente praticado, o qual dificulta ainda mais a recuperação da *res*"[182].

A prática da receptação causa não só um distanciamento do proprietário, do legítimo dono da coisa receptada, mas também afasta o produto do crime do próprio autor do delito antecedente, dificultando assim a persecução penal do Estado, favorecendo a impunidade[183].

Da mesma maneira, em relação à lavagem de dinheiro, pode-se afirmar que a administração da Justiça figura como bem jurídico principal. Fica a

---

(181) GRECO, Rogério. *Op. cit.*, p. 345.
(182) CAPEZ, Fernando. *Op. cit.*, p. 620.
(183) "[...] Indiretamente, a receptação viola também o interesse da administração pública, dificultando as ações policial e judicial no restabelecimento do direito." MIRABETE, Julio Fabbrini. *Op. cit.*, p. 337.

ordem socioeconômica como acessório, pois esta pode permanecer incólume ante operações de menor potencial lesivo.

Logo, tem-se uma comparação de grande importância para os objetivos da presente obra. Além das similitudes dos tipos objetivos, temos um bem jurídico comum entre os dois tipos penais: a administração da Justiça. Isso se não se considerar a posição espanhola, representada aqui por Calos Aránguez Sánchez, que defende que a ordem socioeconômica é o bem jurídico protegido pela receptação.

2.3.5. Sujeito ativo

Neste elemento encontra-se uma das principais diferenças entre os dois tipos penais em questão. Em ambos, o sujeito ativo pode ser qualquer pessoa. No entanto, no ordenamento jurídico brasileiro, não se admite a "autorreceptação", ou seja, o autor, coautor ou partícipe do crime antecedente não pode figurar como sujeito ativo. Ainda que o sujeito ativo do crime antecedente influencie diretamente um terceiro a praticar os elementos do tipo, somente responderá pelo delito prévio. A receptação é considerada um *pos factum* não punível[184].

O mesmo não ocorre com a lavagem de dinheiro. O autor do crime antecedente que participa do processo de lavagem pode e deve ser responsabilizado duplamente. O Brasil, seguindo as recomendações internacionais, permitiu a "autolavagem".

Isso se justifica pela necessidade:

> [...] de responder adequadamente à demanda repressiva posta pelo grau de sofisticação da "lavagem" de dinheiro, diante destas limitações do tipo penal da receptação, grande parte dos estudiosos do problema julgava imprescindível ampliar-se o espectro subjetivo do tipo penal para alcançarem-se os próprios autores dos crimes que produziram os ativos ilícitos, autonomizando a ação por eles realizada, por especialmente danosa.[185]

2.3.6. Crimes antecedentes

O art. 180 do Código Penal pátrio afirma que será responsabilizado aquele que adquirir, receber, transportar, conduzir ou ocultar coisa que sabe ser

---

[184] MIRABETE, Julio Fabbrini. *Manual de direito penal*: parte especial. São Paulo: Atlas, 2015. v. II, p. 338.
[185] MAIA, Carlos Rodolfo Fonseca Tigre. *Lavagem de dinheiro*. São Paulo: Malheiros, 1999. p. 91.

produto de crime. Ou seja, qualquer crime é passível de ser antecedente da receptação, seja ele um delito patrimonial ou não. Esta interpretação é feita pela literalidade do dispositivo.

Portanto, a receptação, assim como a lavagem de dinheiro, é um crime parasitário ou acessório, já que exige a prática de um crime antecedente para que possa ser configurado. Ou seja, o objeto material deve ser necessariamente produto de crime antecedente. Assim, "[...] da mesma forma que o tipo penal receptação, descrito no art. 180 do Código Penal, protege o bem jurídico patrimônio, não se pode olvidar que a lavagem de dinheiro também é um crime acessório, ou seja, depende da prévia ocorrência de outro crime para que se efetivem seus elementares [...]"[186].

Na lavagem de dinheiro, todavia, tínhamos um rol taxativo de quais seriam os crimes antecedentes. Eram eles: o tráfico ilícito de entorpecentes ou drogas afins (inciso I); terrorismo e seu financiamento (inciso II); contrabando ou tráfico de armas, munições ou material destinado a sua produção (inciso III); extorsão mediante sequestro (IV); contra a Administração Pública, inclusive a exigência, para si ou para outrem, direta ou indiretamente, de qualquer vantagem, como condição ou preço para a prática ou omissão de atos administrativos; contra o sistema financeiro nacional (inciso VI); e, por fim, o crime praticado por particular contra a administração pública estrangeira (inciso VIII).

Este seria o principal critério para se discernir qual o crime a ser aplicado ao caso concreto no Direito brasileiro. Se for um dos crimes antecedentes elencados acima, aplicar-se-ia o tipo de lavagem de dinheiro. Se qualquer outro, receptação.

Com a alteração trazida pela Lei n. 12.683/2012, o rol de crimes antecedentes da lavagem de dinheiro foi extirpado, sendo substituído pela expressão "infração penal". Ou seja, qualquer infração penal pode, em tese, ser antecedente do crime de lavagem de dinheiro, ampliando o seu espectro de atuação inclusive para a contravenção por jogo de azar, ou jogo do bicho mais especificamente, o que não pode ocorrer com a receptação, que se restringe a crime em sentido estrito como antecedente.

2.4. A Lei n. 12.683/2012

A Lei n. 12.683/2012 trouxe importantes mudanças para o estudo da lavagem de dinheiro, especialmente as relacionadas à alteração do art. 1º da Lei n. 9.613/1998. Farão parte da análise somente as mudanças neste dispositivo,

---

[186] MACEDO, Carlos Márcio Rissi. *Lavagem de dinheiro*. Curitiba: Juruá, 2006. p. 63.

não por não serem importantes as demais alterações, mas pelo fato de um dos objetos de estudo da presente obra ser o tipo penal de lavagem de dinheiro.

O art. 1º passou, como já visto, a ter a seguinte redação:

> Art. 1º Ocultar ou dissimular a natureza, origem, localização, disposição, movimentação ou propriedade de bens, direitos ou valores provenientes, direta ou indiretamente, de infração penal.
>
> Pena: reclusão, de três a dezoito anos, e multa.
>
> § 1º Incorre na mesma pena quem, para ocultar ou dissimular a utilização de bens, direitos ou valores provenientes de infração penal:
>
> [...]
>
> § 2º Incorre, ainda, na mesma pena quem:
>
> I — utiliza, na atividade econômica ou financeira, bens, direitos ou valores provenientes de infração penal;
>
> [...]
>
> § 4º A pena será aumentada de um a dois terços, se os crimes definidos nesta Lei forem cometidos de forma reiterada ou por intermédio de organização criminosa.
>
> § 5º A pena poderá ser reduzida de um a dois terços e ser cumprida em regime aberto ou semiaberto, facultando-se ao juiz deixar de aplicá-la ou substituí-la, a qualquer tempo, por pena restritiva de direitos, se o autor, coautor ou partícipe colaborar espontaneamente com as autoridades, prestando esclarecimentos que conduzam à apuração das infrações penais, à identificação dos autores, coautores e partícipes, ou à localização dos bens, direitos ou valores objeto do crime.

Podemos observar que não só foi removido o rol de crimes antecedentes, mas também que não se restringiu apenas a crime em sentido estrito, abrindo o leque da possibilidade de qualquer infração penal, inclusive as contravenções, serem consideradas antecedentes. Isso corrigiria a distorção de não poder figurar como delito precedente o jogo do bicho, por exemplo. Nesse aspecto, representa um grande avanço.

Todavia, o maior problema relativo à alteração legal é o de não abrigar critério objetivo que diferencie a lavagem de dinheiro da receptação. Ao contrário, se antes a lavagem de dinheiro era de aplicação restrita a crimes previamente elencados em rol taxativo, constituindo, portanto, uma exceção, e a receptação, por ser aplicável a qualquer crime, a regra, com a aprovação da referida Lei ocorreu uma inversão.

A lavagem de dinheiro, por conseguinte, do ponto de vista objetivo e puramente legal, passou a ser a regra, na medida em que seria aplicável até mesmo às contravenções.

Logo, indaga-se qual seria o critério diferenciador? Como saber qual será o caso de se aplicar a Lei n. 9.613/1998 ou o art. 180 do Código Penal? A atual redação da Lei n. 9.613/2012 não responde a essa pergunta, criando uma enorme margem para distorções do ponto de vista da aplicação do princípio da proporcionalidade. Dada a semelhança entre os dois institutos, a lei especial, mais indicada para combater o crime organizado, ou delitos tidos como graves, passou a ser geral, podendo ser aplicada até aos crimes de menor potencial ofensivo, como o furto de pequeno valor, em tese.

Esta, sem dúvida alguma, é a maior e mais importante alteração da Lei n. 12.682/2012 que tem merecido críticas por parte da doutrina:

> [...] Temos que o alargamento em demasia (no caso brasileiro, sem aparente limite) dos tipos antecedentes, não parece ser a melhor medida de política criminal. Além da existência de uma desproporcionalidade em abstrato, tem-se que o legislador poderia ter adotado um critério de razoabilidade e proporcionalidade, na espécie, a exemplo da possibilidade do dimensionamento com escala de valores econômicos diretos envolvidos ou mesmo a consideração da "gravidade" do crime antecedente, não deixando tão amplo o espectro de incidência para as potenciais e demasiadas ações penais que decerto assoberbarão o aparelho jurisdicional do Estado, repita-se, de modo não razoável e em seara penal, nunca a mais adequada para casos tais.[187]

Ainda, devemos acrescentar que haverá uma verdadeira banalização do tipo penal da lavagem e dinheiro, pois "[...] qualquer ilícito penal que gere proventos poderá ensejar investigação por lavagem de dinheiro. Acusações esdrúxulas aparecerão nos foros criminais brasileiros, como, por exemplo, o crime de furto simples figurando como crime antecedente [...]". Essas situações são indesejáveis, e representam um estado de desorganização legislativa, especialmente em se tratando de um crime voltado especificamente para o combate à criminalidade organizada. A própria exposição de motivos da Lei n. 9.613/1998, como vimos, enfrentava essa questão.

No § 5º, é incluído que a pena poderá ser reduzida de um a dois terços e poderá ser cumprida em regime aberto ou semiaberto, dando ao juiz essa liberalidade na instrução criminal. Antes, apresentavam-se como comandos imperativos "a pena será reduzida" e "será cumprida".

---

(187) LEMOS, Bruno Espineira. *Op. cit.*, p. 192-193.

2.5. A exclusão do favorecimento real

A inexistência de uma análise mais acurada acerca das semelhanças entre o favorecimento e a lavagem de dinheiro transcorreu não só por não querermos tornar o objeto de pesquisa demasiadamente amplo, mas por características inerentes ao delito de favorecimento real que inviabilizariam uma comparação mais aprofundada, mais coerente, como veremos a seguir.

Não negamos que o delito de favorecimento real possui algumas similitudes com a lavagem de dinheiro, especialmente quanto à existência de um bem jurídico protegido em comum, a administração da Justiça. É de se constatar que o mesmo é também um crime parasitário, na medida em que depende da existência de um crime antecedente. São dois elementos que aproximam este delito tanto da lavagem de dinheiro, como da receptação.

Numa primeira leitura do delito inscrito no art. 349 do Código Penal, podemos até crer que são muitas e evidentes as semelhanças com o delito de lavagem de dinheiro. Todavia, ao nos debruçarmos mais detidamente sobre as considerações doutrinárias, podemos observar que as semelhanças cessam nas já mencionadas acima.

O favorecimento real se apresenta como uma exceção à receptação na medida em que, já no *caput* do art. 349 do Código Penal, é assim expressamente alocado. Ou seja, constata-se que o delito de favorecimento real já é uma generalização, com a clara finalidade de alcançar as condutas que não sejam ou não possam ser enquadradas no delito de receptação.

Por si só, esse fator já inviabiliza a inclusão detalhada deste tipo penal no nosso estudo. Como já afirmado neste capítulo, a lavagem de dinheiro busca penalizar com maior rigor os delitos de maior reprovação social, de forma que os demais ficariam a cargo do delito de receptação. Somente fora do amplo universo de condutas punidas com a receptação, encontraríamos as punidas com o favorecimento real.

Ademais, o favorecimento real é um delito que visa beneficiar somente o criminoso, a pessoa do criminoso, sem que necessariamente haja um interesse patrimonial.[188] Na receptação e na lavagem de dinheiro sempre há um interesse econômico na conduta, sempre há uma vantagem econômica a ser percebida pelo sujeito ativo destes delitos (receptação e lavagem de dinheiro).

Ainda podemos destacar, em relação ao delito de favorecimento real, o fato da norma mencionar apenas a conduta de prestar auxílio destinada a tornar seguro o proveito do crime. Ou seja, trata-se de uma tipificação ampla

---

(188) GRECO, Rogério. *Curso de direito penal*: parte especial. Niterói: Impetus, 2015. v. IV, p. 680.

e genérica, destituída de qualquer descrição mais detalhada acerca de como deveria ser configurado este auxílio, de forma que a conduta possa ser enquadrada neste tipo penal.

Isso implica, mediante a aplicação do princípio da especialidade, que qualquer ato praticado pelo sujeito ativo que se enquadre nas condutas específicas da receptação (a exemplo de ocultar, receber ou adquirir) ou da lavagem de dinheiro (ocultar ou dissimular) estará fora do universo do favorecimento real[189].

Pelas razões expostas, decidimos pela exclusão do favorecimento real do nosso estudo comparativo. Com todo o respeito aos renomados autores que veem grande semelhança entre os dois tipos penais de lavagem de dinheiro e de favorecimento real, as diferenças e os limites sucintamente aqui apresentados, de tão evidentes, já são suficientes para justificar a supressão deste delito do nosso estudo.

---

[189] MIRABETE, Julio Fabbrini. *Manual de direito penal*: parte especial. São Paulo: Atlas, 2015. v. III, p. 424.

Considerações Finais

Mediante a análise das informações colhidas ao longo da obra, com especial destaque à demanda internacional pela criminalização da lavagem de dinheiro e a sua acomodação no ordenamento jurídico brasileiro, podemos inicialmente constatar que é natural que algumas distorções ocorram nesse processo.

As recomendações constantes da normativa internacional, quando internalizadas e materializadas por meio de lei, podem sofrer alterações, muitas vezes necessárias, para que não ocorram, ou para que pelo menos sejam minimizados os conflitos com as normas preexistentes em cada ordenamento.

Todavia, nem sempre esses conflitos — entre a normativa internacional e o direito interno — conseguem ser resolvidos, causando distorções, imperfeições ou até mesmo contradições.

Este é o objetivo principal do nosso trabalho: identificar e propor soluções para as eventuais imperfeições que tenham ocorrido com a introdução da Lei n. 9.613, de 1998, que, como vimos, decorreu de um grande movimento internacional pela criminalização e combate à lavagem de dinheiro.

No início desta obra, nos propomos a identificar: a) quais os elementos capazes de distinguir os delitos de lavagem de dinheiro e receptação; b) identificar eventuais deficiências na norma que tipifica a lavagem de dinheiro como crime; e c) se o Brasil, com sua legislação vigente na época, estava a precisar de um novo tipo penal de lavagem de dinheiro.

Primeiramente, identificamos quais os elementos diferenciadores dos delitos de lavagem de dinheiro e receptação, haja vista os comparativos dos elementos ser essencial até mesmo para a respostas dos outros questionamentos.

Foram eleitos elementos para comparar os delitos de lavagem de dinheiro e receptação, constituindo o objeto material o primeiro deles. Como visto, o objeto material do crime de receptação é a coisa móvel produto de crime, de forma que um imóvel não pode ser receptado. Já no caso da lavagem de dinheiro, o objeto material são os bens, direitos ou valores que sejam produto de infração penal.

Na receptação, o objeto material pode ser oriundo de qualquer crime, patrimonial ou não, enquanto que o objeto material do crime de lavagem de dinheiro é bem mais amplo, especialmente após a Lei n. 12.683/2012, que expandiu o antecedente para qualquer infração penal e extirpou o rol de crimes antecedentes.

A nova legislação rompeu a mais evidente barreira entre os dois delitos, de forma que podemos considerar que hoje a lavagem de dinheiro alcança um espectro maior de delitos, tornando-se a regra, quando na verdade deveria ser uma exceção direcionada para a criminalidade organizada.

Esta é a primeira, a mais evidente e a mais importante diferença: enquanto a receptação alcança os bens móveis, produtos de qualquer crime, a lavagem alcança todos os bens, móveis ou imóveis, produto de infração penal.

Ambos são crimes acessórios ou parasitários e prescindem da existência de inquérito policial, processo e muito menos de sentença a atestar a ocorrência do crime antecedente. Basta a prova de sua ocorrência.

Identificamos, anteriormente, os verbos caracterizadores para a configuração da receptação e da lavagem de dinheiro. Encontramos várias semelhanças, inclusive a identidade de alguns desses verbos presentes nos dois tipos, ou dotados do mesmo significado. Por exemplo, estão presentes, em ambos os tipos, as seguintes ações: adquirir, receber, ter em depósito, ocultar.

Temos ainda ações assemelhadas ou ações que englobam outras. Na receptação temos as ações de desmontar, montar e remontar, que seriam perfeitamente equiparáveis à ação de converter (mudar, transformar ou transmutar uma coisa em outra), presente no delito de lavagem de dinheiro.

Temos ainda as ações de trocar, negociar, dar ou receber em garantia, guardar, movimentar, transferir, importar ou exportar, comuns também à receptação, especialmente quando equiparadas a transportar ou conduzir.

A receptação qualificada, em razão do objeto material (patrimônio público), encontra semelhança com a lavagem de dinheiro, cuja infração penal antecedente foi contra a Administração Pública.

Da mesma forma, é incriminado aquele que participa, ou seja, que faça parte ou apenas contribua, com grupo, associação ou escritório tendo conhecimento de que essa conduta é dirigida à prática da lavagem de dinheiro. Esse dispositivo foi inserido como instrumento de combate ao crime organizado e, por isso, não encontra correspondência no delito de receptação.

Por tais considerações, podemos verificar que o tipo objetivo, por si só, ou seja, sem levarmos em consideração o rol de crimes antecedentes, não serve para diferenciar os delitos de lavagem de dinheiro e de receptação. As condutas, as ações previstas nos tipos, são bastante semelhantes, sendo as da lavagem de dinheiro mais amplas, englobando as anteriormente previstas no delito de receptação.

Quanto ao tipo subjetivo, identificamos diferenças. A receptação culposa não encontra correspondência na lavagem de dinheiro, que pelo nosso ordenamento só prevê o dolo como elemento subjetivo. No crime inserto no art. 180, devem ser praticados os elementos do tipo com o dolo genérico, de forma que só se tipifica a receptação se houver a certeza de que o objeto material proveio de crime. Na dúvida quanto à esta origem, há receptação culposa.

Na lavagem de dinheiro, não há modalidade culposa. Admite-se o dolo direto e o dolo eventual apenas em determinados casos.

Quanto ao bem jurídico protegido pelos delitos, o tipo penal que prevê o crime de receptação procura proteger o patrimônio, sendo esta a posição dominante defendida pelos doutrinadores brasileiros.

Todavia, podemos afirmar que a administração da Justiça também figura como bem jurídico protegido porque a receptação causa, não só um distanciamento legítimo do dono da coisa receptada, mas também afasta o produto do crime do próprio autor do delito antecedente, dificultando assim a persecução penal do Estado e favorecendo a impunidade.

Da mesma maneira, acreditamos que a administração da Justiça figura como o principal bem jurídico protegido na lavagem de dinheiro, pois a prática do delito de lavagem de dinheiro tem sempre o objetivo de dificultar a persecução penal do Estado. Fica a ordem socioeconômica como acessório, na medida em que apesar de ser diretamente atingida, não faz parte da finalidade primária do autor do delito.

Apesar de não ser a posição majoritária da doutrina brasileira, que considera apenas o patrimônio como bem jurídico protegido no crime de receptação, temos de fazer aqui um registro. Existem autores estrangeiros, a exemplo de Carlos Aránguez Sánchez, que consideram que a receptação, analisando-se a sua evolução histórica, passou primeiro pela sua diferenciação como figura delitiva autônoma para progressivamente deixar de ser um delito patrimonial e se tornar um delito que protege a ordem socioeconômica[190].

Portanto, apesar de alguns considerarem o bem jurídico como o grande divisor de águas entre a receptação e a lavagem de dinheiro, percebemos por

---

(190) "La evolución de la receptación se caracteriza por un doble proceso: primero, su diferenciación como figura delictiva autónoma, separándose del encubrimiento y abandonando su consideración como forma de participación, y en segundo lugar su progresivo traslado del bloque de delitos patrimoniales a aquellos que protegen el orden socioeconómico." SÁNCHEZ, Carlos Aránguez. *Op. cit.*, p. 148.

essa consideração que tal critério também não serve para diferenciar os dois tipos penais. Além das similitudes dos tipos objetivos, existem dois bens jurídicos comuns aos dois tipos penais, se considerarmos a doutrina estrangeira: a administração da Justiça a ordem socioeconômica.

Quanto ao sujeito ativo do delito, identificamos uma das principais diferenças entre os dois tipos penais em questão: em ambos, o sujeito ativo pode ser qualquer pessoa; no entanto, no ordenamento jurídico brasileiro não se admite a "autorrecepção", ainda que o sujeito ativo do crime antecedente influencie diretamente um terceiro a praticar os elementos do tipo. Assim a receptação é considerada, no Brasil, um *pos factum* não punível[191].

O mesmo não ocorre com a lavagem de dinheiro. O autor do crime antecedente que participa do processo de lavagem pode e deve ser responsabilizado duplamente. Portanto, seguindo as recomendações internacionais, o Brasil permitiu a "autolavagem".

Em relação aos crimes antecedentes, o art. 180 do Código Penal pátrio não faz qualquer ressalva, podendo, por conseguinte, ser qualquer crime, patrimonial ou não.

Portanto, apesar da receptação constituir, assim como a lavagem de dinheiro, um crime parasitário ou acessório, percebemos essa diferença principal — na lavagem de dinheiro, temos a possibilidade de se ter como antecedente qualquer infração penal, em vista da exclusão do rol taxativo pela Lei n. 12.683/2012.

O rol de crimes antecedentes era o principal e único critério objetivo para se discernir qual o crime a ser aplicado ao caso concreto no Direito brasileiro. Em se tratando de um dos crimes antecedentes elencados na antiga redação, aplica-se o tipo de lavagem de dinheiro. Se qualquer outro, receptação.

A contravenção por jogo do bicho ficava fora da aplicação de ambos, todavia. Ou seja, não fazia parte do rol taxativo da lei de lavagem de dinheiro, nem pode ser penalizado pelo tipo de receptação por se tratar de contravenção, haja vista somente crime em sentido estrito poder constituir delito prévio do crime de receptação. Mas com a ampliação da aplicação da lavagem de dinheiro para qualquer infração penal, passou a ser abarcada por este delito.

Se, por um lado, essa alteração corrigiria a distorção de o jogo do bicho não poder figurar como delito precedente da lavagem de dinheiro — somente nesse aspecto a nova Lei representa avanço —, por outro lado acaba por destruir a única fronteira objetiva entre os delitos de lavagem de dinheiro e receptação.

---

(191) MIRABETE, Julio Fabbrini. *Op. cit.*, p. 338.

A doutrina tem criticado a alteração legal, pois a "[...] supressão do rol *numerus clausus* anterior, já não bastassem todas as outras a demonstrar o exagero do legislador, será a possibilidade de conflito aparente entre o tipo de lavagem de dinheiro e crimes que lhe são assemelhados, como a receptação [...]"[192].

Mais ainda: se antes a lavagem de dinheiro era de aplicação restrita a crimes previamente elencados em rol taxativo, sendo uma exceção, e a receptação, por ser aplicável a qualquer crime, a regra, passamos a ter uma clara inversão. A lavagem de dinheiro passa a ser regra, pois aplicável a qualquer crime ou contravenção.

Logo, indaga-se: Qual é o critério diferenciador? Como saber qual será o caso de se aplicar a Lei n. 9.613/1998 ou o art. 180 do Código Penal? A Lei n. 12.683/2012 simplesmente não responde a essas questões, criando uma enorme margem para distorções do ponto de vista da aplicação do princípio da proporcionalidade. Ademais, dada a semelhança entre os dois institutos, a Lei especial, que passaria a ser geral, poderá, em tese, ser aplicada até aos crimes de menor potencial ofensivo.

Entendemos que a referida Lei ocasionou um esvaziamento objetivo do delito de receptação. Praticamente uma derrogação prática. Essa, sem dúvida alguma, é a mais importante alteração prevista na nova legislação em comento. Afinal, para se aplicar a receptação caberá ao magistrado, de acordo com o casuísmo, observar se os elementos fáticos se aproximam mais da receptação ou da lavagem de dinheiro, ou seja, tal tipificação ficará na dependência de um juízo subjetivo.

Daí, passamos a outro questionamento, ainda que não seja objeto central desta obra. Onde ficaria salvaguardado o princípio da proporcionalidade? Tal como se apresenta a referida alteração legal, a lavagem de dinheiro poderia bem ser aplicada aos crimes mais irrelevantes, de potencial ofensivo mais insignificante, a exemplo do furto e da venda de um relógio.

Não precisamos relembrar que a lavagem de dinheiro é um delito cuja principal característica é o seu objetivo: combater organizações criminosas. Quando falamos neste tipo de delito, imaginamos grandes somas movimentadas por grupos altamente especializados no ofício do crime. Exatamente por isso, a lei de lavagem possui um grande número de medidas processuais especiais, mais restritivas, objetivando munir o Estado de um aparato mais eficiente para enfrentar estes grupos.

Nesse sentido, qual seria o sentido de aplicar tais medidas, restritivas e até violentas, a delitos considerados menos danosos? Como justificar a apli-

---

(192) CONTI, Vitor Hugo Coutinho. *Op. cit.*, p. 59.

cação de medidas processuais extremas ao invés das simplesmente previstas pelo Código de Processo Penal? De fato, com as alterações carreadas pela nova legislação, surge uma grande distorção neste aspecto: a aplicação de uma lei altamente especializada a crimes de bagatela, ou mesmo contravenções, ainda mais irrelevantes do ponto de vista penal.

Em face do argumentado, merece crítica negativa a nova redação da Lei de Lavagem de Dinheiro. Desta forma, adentremos nos dois últimos objetivos da nossa obra: 1) identificar eventuais deficiências na norma que tipifica a lavagem de dinheiro como crime; e 2) se o Brasil, com sua legislação vigente na época, estava a precisar de um novo tipo penal de lavagem de dinheiro.

Ao nosso ver, existem duas falhas cruciais na Lei de Lavagem de Dinheiro. A primeira delas é a ausência de um critério diferenciador entre a receptação e a lavagem de dinheiro, que não seja o rol de crimes antecedentes. Isso poderia inclusive servir para se questionar até que ponto o Brasil estava a necessitar de uma lei de lavagem de dinheiro, já que a receptação poderia abarcar as situações descritas para aquele tipo penal.

Mesmo assim, entendemos que a criminalização da lavagem de dinheiro é necessária. Trata-se de um delito mais específico, voltado a combater as organizações criminosas, enquanto que o delito de receptação, pela sua simplicidade, jamais serviria para um combate apropriado à criminalidade organizada.

A segunda grande falha da Lei n. 9.613, de 1998, foi não ter dado um conceito, ou definido os elementos constitutivos do crime organizado. Perdeu-se assim, mais uma vez, uma boa oportunidade de efetivamente criminalizar esses grupos.

O conceito de crime organizado surgiu posteriormente, em 2013, com a Lei n. 12.850, ou seja, 15 anos depois. Logo, se por um lado discordamos diametralmente da ampliação dos delitos precedentes da lavagem de dinheiro, da forma que foi feita pela Lei n. 12.683/2012, por outro concordamos que existiam distorções na legislação brasileira anterior.

Ao nosso ver, um grande avanço foi a inserção do conceito de crime organizado na nossa legislação. Como o tipo previa que seria considerado, como crime antecedente da lavagem de dinheiro, qualquer crime praticado por organização criminosa, a inclusão desta definição acabaria por ampliar sobremaneira o rol de crimes antecedentes. Portanto, qualquer crime, desde que praticado por organização criminosa, seria passível de incidência da Lei n. 9.613, de 1998, inclusive a grande receptação praticada por organizações criminosas.

Essa, sem dúvida, era a mais importante mudança que o ordenamento jurídico pátrio estava a necessitar. Seja para um real e efetivo combate às organizações criminosas, seja para dar eficácia plena à Lei de Lavagem de Dinheiro.

Não concordamos com a retirada do rol de crimes antecedentes, pois era o único critério objetivo diferenciador. Acreditamos que o verdadeiro avanço teria sido conseguido com a introdução de um conceito de crime organizado.

Resumidamente, concluímos que a demanda internacional pela criminalização da lavagem de dinheiro, ao ser internalizada no ordenamento jurídico brasileiro, apresentou graves falhas, sendo uma delas a similitude do tipo penal da lavagem de dinheiro com o delito de receptação.

Essa similitude possuía apenas um critério objetivo que impedia a sobreposição dos dois delitos analisados nesta obra, qual seja, o rol taxativo de crimes antecedentes elencado na redação inicial do delito de lavagem de dinheiro.

Dito isso, a remoção deste rol, ocasionou o esvaziamento e a consequente derrogação do delito de receptação, passando a lavagem de dinheiro a ser aplicada a qualquer crime ou contravenção, inclusive aos delitos mais insignificantes, do ponto de vista objetivo. Não concordamos com essa solução.

Entendemos que o rol de crimes antecedentes deveria ter permanecido, mas com a complementação da definição do delito de formação de organização criminosa, como foi feito pela Lei n. 12.850/2013.

Com essa modificação, o Brasil já passaria a ter condições de dar total efetividade à Lei de Lavagem de Dinheiro e de combater de forma mais satisfatória o crime organizado, não sendo demais relembrar a importância que a lavagem de dinheiro possui para o funcionamento dos grupos criminosos especializados, especialmente para aqueles que operam em escala transnacional.

REFERÊNCIAS BIBLIOGRÁFICAS

ANJOS, J. Haroldo dos. *As raízes do crime organizado*. Florianópolis: IBRADD, 2002.

BARROS, Marco Antônio. *Lavagem de capitais e obrigações civis correlatas*. São Paulo: Revista dos Tribunais, 2004.

BONFIM, Márcia Monassi Mougenot; BONFIM, Edilson Mougenot. *Lavagem de dinheiro*. São Paulo: Malheiros, 2005.

BOTTINI, Pierpaolo Cruz. A lavagem de dinheiro proveniente de corrupção: o debate no STF. In: CAGGIANO, Monica Herman; LEMBO, Claudio Salvador; ALMEIDA NETO, Manoel Carlos. *Juiz constitucional:* estado e poder no século XXI. São Paulo: Revista dos Tribunais, 2015.

BRANCO, Vitorino Prata Castelo. *Da defesa nos crimes contra o patrimônio*. São Paulo: Sugestões Literárias, 1974.

BRASIL. Decreto n. 154, de 26 de junho de 1991. Promulga a Convenção Contra o Tráfico Ilícito de Entorpecentes e Substâncias Psicotrópicas. Presidência da República. Disponível em: <http://www.planalto.gov.br/ccivil_03/decreto/1990-1994/D0154.htm>. Acesso em: 13.7.2016.

_____. Decreto n. 5.015, de 12 de março de 2004. Promulga a Convenção das Nações Unidas contra o Crime Organizado Transnacional. Presidência da República. Disponível em: <https://www.planalto.gov.br/ccivil_03/_Ato2004-2006/2004/Decreto/D5015.htm>. Acesso em: 13.7.2016.

_____. Decreto n. 5.687, de 31 de janeiro de 2006. Promulga a Convenção das Nações Unidas contra a Corrupção. Presidência da República. Disponível em: <http://www.planalto.gov.br/ccivil_03/_Ato2004-2006/2006/Decreto/D5687.htm>. Acesso em: 13.7.2016.

_____. Decreto-Lei n. 2.848, de 7 de dezembro de 1940. Código Penal. Presidência da República. Disponível em: <http://www.planalto.gov.br/ccivil_03/Decreto-Lei/Del2848.htm>. Acesso em: 13.7.2016.

_____. Exposição de Motivos da Lei n. 9.613, de 1998. Disponível em: <https://www.coaf.fazenda.gov.br/menu/legislacao-e-normas/legislacao-1/Exposicao%20de%20Motivos%20Lei%209613.pdf/view>. Acesso em: 13.7.2016.

_____. Lei n. 9.613 de 3 de março de 1998. Dispõe sobre os crimes de "lavagem" ou ocultação de bens, direitos e valores; a prevenção da utilização do sistema financeiro para os ilícitos previstos nesta Lei; cria o Conselho de Controle de Atividades Financeiras — COAF, e dá outras providências. *Presidência da República*. Disponível em: <http://www.planalto.gov.br/ccivil_03/leis/L9613.htm> Acesso em: 13.7.2016.

_____. Superior Tribunal de Justiça. Denegação de *Habeas Corpus*. *Habeas Corpus* n. 57.956 — RS. Flávio Luís Algarve, Estado do Rio Grande do Sul e Carlos Albano de Oliveira. Relator: Ministro Napoleão Nunes Maia Filho. Brasília, DJ 27 ago. 2007. Disponível em: <www.stj.gov.br>. Acesso em: 15.9.2007.

_____. Tribunal de Justiça do Distrito Federal e Territórios. Desprovimento de apelação criminal. Apelação 20050510060445APR. Relator: Arnoldo Camanho. DJ 28 set. 2007. Disponível em: <http://www.tjdft.gov.br>. Acesso em: 30.9.2007.

_____. Tribunal de Justiça do Distrito Federal e Territórios. Desprovimento de apelação criminal. Apelação 20060610024276APR. Relator: Vaz de Mello. DJ 28 set. 2007. Disponível em: <http://www.tjdft.gov.br>. Acesso em: 30.9.2007.

_____. Tribunal de Justiça do Distrito Federal e Territórios. Negar provimento ao recurso de Kleber de Sousa Joaquim e dar provimento ao recurso de Jermir Pinto de Mello. Apelação 20010110606016APR. Relator: Arnoldo Camanho. DJ 26 set. 2007. Disponível em: <http://www.tjdft.gov.br>. Acesso em: 30.9.2007.

_____. Tribunal de Justiça do Rio Grande do Sul. Desprovimento de apelação criminal. Apelação 70018942839. Relator: Nereu José Giacomolli. DJ 26 jun. 2007. Disponível em: <http://www.tj.rs.gov.br>. Acesso em: 15.9.2007.

_____. Tribunal de Justiça do Rio Grande do Sul. Provimento de apelação criminal. Apelação 70018135731. Relator: Aymoré Roque Pottes de Mello. DJ 2 ago. 2007. Disponível em: <http://www.tj.rs.gov.br>. Acesso em: 15.9.2007.

_____. Tribunal de Justiça do Rio Grande do Sul. Provimento parcial de apelação criminal. Apelação 70012146700. Relatora: Lúcia de Fátima Cerveira. DJ 8 maio 2007. Disponível em: <http://www.tj.rs.gov.br>. Acesso em: 15.9.2007.

CALLEGARI, André Luís; WEBER, Ariel Barazzetti. *Lavagem de dinheiro*. São Paulo: Atlas, 2014.

CALLEGARI, André Luís. *Direito penal econômico e lavagem de dinheiro*: aspectos criminológicos. Porto Alegre: Livraria do Advogado, 2003.

CALLEGARI, André Luís. *Lavagem de dinheiro*. Barueri: Manole, 2004.

CAPEZ, Fernando. *Curso de direito penal*. São Paulo: Saraiva, 2015. v. 2: parte especial.

CONTI, Vitor Hugo Coutinho. Lavagem de dinheiro e a supressão da lista de crimes antecedentes. *Revista Magister de Direito Penal e Processual Penal*, Brasília. n. 57, p. 49-64, dez./jan. 2014.

CUISSET, André. *La experiencia francesa y la movilización internacional en la lucha contra el lavado de dinero*. México: Procuradoría de la República, 1996.

DELMANTO, Roberto; DELMANTO JUNIOR, Roberto; DELMANTO, Fábio M. de Almeida. *Código penal comentado*. Rio de Janeiro: Renovar, 2016.

DELMANTO, Roberto; DELMANTO JUNIOR, Roberto; DELMANTO, Fábio M. de Almeida. *Leis penais especiais comentadas*. Rio de Janeiro: Renovar, 2006.

FONSECA, Pedro H. C. Do bem jurídico nos crimes de lavagem de dinheiro: uma abordagem dogmática. In: SPINEIRA, Bruno; CRUZ, Rogério Schietti; REIS JÚNIOR, Sebastião. *Crimes federais*. Belo Horizonte: D'Plácido, 2016. p. 517-536.

GOMES, Abel Fernando. Crime organizado e sua conexão com o poder público. *Revista do Tribunal Regional Federal da 1ª Região*, Brasília. n. 1, v. 1, p. 159-175, out./dez. 1989.

GRECO, Rogério. *Curso de direito penal*: parte especial. Niterói: Impetus, 2015. v. IV.

_____ . *Curso de direito penal*: parte especial. Niterói: Impetus, 2014. v. III.

HIRECHE, Gamíl Föppel El. *Análise Criminológica das organizações criminosas*: da inexistência à impossibilidade de conceituação e suas repercussões no ordenamento jurídico pátrio. Manifestação do Direito Penal do Inimigo. Rio de Janeiro: Lumen Juris, 2005.

JESUS, Damásio E. de. *Direito penal*: parte especial: dos crimes contra a pessoa e dos crimes contra o patrimônio. São Paulo: Saraiva, 2007. v. 2.

JESUS, Damásio E. de. In: ZAFFARONI, Eugênio Raul. KOSOVSKI, Ester. *Estudos em homenagem ao prof. João Marcello de Araújo Júnior*. Rio de Janeiro: Lumen Juris, 2001.

LEMOS, Bruno Espineira. Crime de lavagem de dinheiro: o alargamento excessivo dos tipos antecedentes e o *bis in idem*. In: SPINEIRA, Bruno; CRUZ, Rogério Schietti; REIS JÚNIOR, Sebastião. *Crimes federais*. Belo Horizonte: D'Plácido, 2016.

MACEDO, Carlos Márcio Rissi. *Lavagem de dinheiro*. Curitiba: Juruá, 2006.

MAIA, Carlos Rodolfo Fonseca Tigre. *Lavagem de dinheiro*. São Paulo: Malheiros, 1999.

MAIEROVITCH, Walter Fanganiello. As associações criminosas transnacionais. In: PENTEADO, Jaques de Camargo. *Justiça penal*: críticas e sugestões. São Paulo: Revista dos Tribunais, 1995.

MAYOR, Pedro Juan. Concepción criminológica de la criminalidad organizada contemporânea. *Revista Brasileira de Ciências Criminais*, São Paulo, n. 25, p. 216-225, jan./mar. 1999.

MENDRONI, Marcelo Batlouni. *Crime de lavagem de dinheiro*. São Paulo: Atlas, 2015.

MINAGÉ, Thiago M.; SEIXAS, Thaysa Matos; ANDRADE, Josevando de Souza. A criminalização do Exercício da advocacia nos crimes de lavagem de capitais. In: SPINEIRA, Bruno; CRUZ, Rogério Schietti; REIS JÚNIOR, Sebastião. *Crimes federais*. Belo Horizonte: D'Plácido, 2016.

MIRABETE, Julio Fabbrini. *Manual de direito penal*: parte especial. São Paulo: Atlas, 2015. v. II.

_____ . *Manual de direito penal*: parte especial. São Paulo: Atlas, 2015. v. III.

NUCCI, Guilherme de Souza. *Manual de direito penal*: parte geral: parte especial. São Paulo: Revista dos Tribunais, 2016.

PENTEADO, Jaques de Camargo. *Justiça penal*: críticas e sugestões. São Paulo: Revista dos Tribunais, 1995.

PITOMBO, Antônio Sergio A. de Moraes. *Lavagem de dinheiro*: a tipicidade do crime antecedente. São Paulo: Revista dos Tribunais, 2003.

PRADO, Luiz Regis. *Curso de direito penal brasileiro:* parte especial. São Paulo: Revista dos Tribunais, 2006. v. 2.

RIBEIRO, Darcy. *O povo brasileiro*: formação e o sentido do Brasil. São Paulo: Companhia das Letras, 2006.

SÁNCHEZ, Carlos Aránguez. *El delito de blanqueo de capitales*. Madrid: Marcial Pons, 2000.

SANCTIS, Fausto Martin de. *Crime organizado e lavagem de dinheiro:* destinação de bens apreendidos, delação premiada e responsabilidade social. São Paulo: Saraiva, 2015.

SILVA, Cesar Antonio da. *Lavagem de dinheiro:* uma nova perspectiva penal. Porto Alegre: Livraria do Advogado, 2001.

SOUZA NETTO, José Laurindo de. *Lavagem de dinheiro:* comentários à Lei n. 9.613/98. Curitiba: Juruá, 1999.

TEIXEIRA, Ricardo Augusto de Araújo. Lavagem de dinheiro, organizações criminosas e corrupção: correlações contemporâneas. In: SPINEIRA, Bruno; CRUZ, Rogério Schietti; REIS JÚNIOR, Sebastião. *Crimes federais*. Belo Horizonte: D'Plácido, 2016.

VILARDI, Celso Sanchez. O crime de lavagem de dinheiro e o início de sua execução. *Revista Brasileira de Ciências Criminais*, São Paulo, n. 25, p. 11-30, mar./abr. 2004.

YACOBUCCI, Guillermo Jorge. *El crimen organizado*: desafíos y perspectivas en el marco de la globalización. Buenos Aires: Depalma, 2005.